四聲通解를 기반으로 한

"韻會譯訓"의 구성

이 저서는 2011년 대한민국 교육부와 한국학중앙연구원(한국학진흥사업단)을 통해 해외한국학중핵대학육성사업의 지원을 받아 수행된 연구임
(AKS-2011-BAA-2105)

四聲通解를 기반으로 한

"韻會譯訓"의 구성

Rainer Dormels 저

學古房

들어가는 말

古今韻會擧要는 조선 초기 가장 애용되던 중국 운서 중 하나이다. 이 사실은 "世宗實錄"에 언급되었던 세종대왕이 1444년 "以諺文譯韻會"라 하명한 내용을 통해서 알 수 있다. "以諺文譯韻會"는 창제된 한글로 제작하여야 했던 서적 중에서 그 첫 번째 기록이다. 이 기록을 제외한 그 어느 곳에서도 이 하명에 대한 자료는 없다. 하지만 여기에서 말하는 '韻會'는 "古今韻會擧要"를 가리키는 것 같다. "以諺文譯韻會"가 東音에 해당하는지 아니면 華音에 해당하는지에 관한 질문 등 그 외의 것들은 여전히 추측으로 남아 있다. 적어도 古今韻會擧要가 東國正韻의 편찬에 영향을 주었던 것은 사실이다. 또한 洪武正韻譯訓의 正音을 자세히 살펴보면 古今韻會擧要가 洪武正韻譯訓의 편찬에 참고되었을 것이라는 결론에 도달할 수 있다.

四聲通解를 보면 다수의 한자에 韻會音과 蒙韻音이 기입되어 있다. 여기에서 韻會音이란 古今韻會擧要의 音인 것으로 보인다. 蒙韻音의 근원자료는 전해지지 않았지만 몽고계 운서 중에서는 蒙古字韻이 현존하고 있다. 蒙古字韻의 특징은 華音이 파스파문자로 기입된 것이다. 파스파문자가 한글과 같이 표음문자이기 때문에 파스파문자는 한글 창제의 배경에 대한 연구에 상당히 중요한 역할을 하고 있다. 四聲通解에서 韻會音과 蒙韻音은 많은 부분에서 동일하다.

주목할 만한 사실은 古今韻會擧要의 서론부분인 禮部韻略七音三

十六母通攷에 나오는 ,蒙古字韻音同'라는 기록이다. 國語學史 연구에서 古今韻會擧要가 갖는 가치를 기반으로, 이 책은 四聲通解의 편찬자인 崔世珍이 韻會譯訓를 편찬했다면 어떤 모습을 가졌을지 四聲通解를 토대로 연구함을 그 목적으로 하였다. 부록 1에서는 四聲通解의 韻會音과 蒙韻音을 서로 비교하였고, 부록 2에서는 파스파문자로 된 蒙古字韻의 字母韻과 한글로 된 古今韻會擧要의 字母韻 대조로 본 연구를 마무리하였다.

이해하기 쉽지 않은 독일어 원고를 한국어로 번역하는 데 최지영 선생님이 수고해 주셨다. 본 연구를 위해 학생 조교인 Markus Bichler와 누구보다도 Iong Fu(傅蓉)의 도움이 컸다. 박정순 선생님께서 해당전문인으로서 교정을 봐 주심으로 해서 본 도서의 완성에 큰 역할을 해 주셨음에 고마움을 전한다. 대한민국 교육부와 한국학중앙연구원 (한국학진흥사업단)의 경제적 지원으로 본 도서는 제작되었으며, 마지막으로 출판을 허락해 주신 학고방 출판사 하운근사장님과 조연순 팀장님께 그 고마움을 표하는 바이다.

빈 2016년 7월 20일

차례

1

서 론

四聲通解는 1517년 崔世珍(?1465-1542)에 의해 완성된 韻書이다. 이 韻書에는 15388자의 音들이 한글로 표기되어 있다(정경일 2002: 185). 四聲通解는 洪武正韻譯訓, 四聲通考 그리고 續添洪武正韻과 함께 한국인이 중국 한자음을 한글로 편찬한 韻書들에 속한다.

洪武正韻譯訓(1455)은 洪武正韻(1375)을 기반으로 하였으며 무엇보다 한자의 音을 한글로 표기했다는 것이 洪武正韻과의 차이점이다. 그 구성을 살펴 보면, 먼저 平聲에 속한 자가 모두 기입되어 있으며 그 뒤를 上聲, 去聲이 따르고 마지막으로 入聲이 기입되어 있다. 그리하여 한자가 총 76개의 韻으로 분류되어 표기되어 있다(平聲: 22개의 韻, 上聲: 22개의 韻, 去聲: 22개의 韻, 入聲: 10개의 韻). 그리고 그 각각의 韻은 또 다시 小韻으로 분류된다. 洪武正韻 과 洪武正韻譯訓 모두 동일하게 한 눈에 알아볼 수 있게 잘 정리된 것이 아니기 때문에 각 韻 내의 小韻을 확인하여 한자를 찾는 데는 어려움이 있다.

세종대왕의 명에 따라 신숙주에 의해 편찬된 四聲通攷[1])에는 한자의 의미 설명이 생략되어 있다. 四聲通解는 근본적으로는 四聲通攷와 같은 형식을 취하고 있으나 몇 곳은 四聲通攷와 다르게 한자를 정리했다. 이외에도 洪武正韻譯訓에 열거된 正音, 俗音 외에 今俗音

1) 四聲通攷는 현존하지 않으며, 편찬년도도 알려져 있지 않다. 유창균(1973)이 四聲通攷의 구성을 시도하였다.

과 타 韻書들의 音들을 첨부하였다. 물론 추가된 音들은 正音과 차이를 보일 때만 기입되었다. 四聲通解는 四聲通攷와는 달리 한자의 의미를 기입하였고 한자의 갯수도 증가하였다. 이 韻書는 한국인이 한자음의 중국 발음을 배우도록 하는 데 그 목적을 두고 있다(정경일 2002: 177).

이로써 편찬 순서대로 이 자료들을 나열하면 다음과 같다:

洪武正韻 → 洪武正韻譯訓 → 四聲通攷 → 四聲通解

김완진(1966)에 따르면 四聲通解는 四聲通攷를 직접 개작한 것은 아니다. 그는 최세진이 洪武正韻譯訓에 한자의 숫자와 한자 의미 풀이 부분을 더 확장해서 續添洪武正韻을 썼고, 이것을 四聲通攷의 형식을 따라 새로이 변형한 것이 四聲通解라고 한다(강신항 2000: 118).

洪武正韻 ⇒ 洪武正韻譯訓 ⇒ 續添洪武正韻

↓ ↓

四聲通攷 四聲通解

四聲通解 내 한자는 네 가지의 기준에 의해 나뉘어 진다:

- 먼저 韻에 따라
- 해당 韻 내에서 다시 중성 즉 모음에 따라
- 해당 중성 내에서 다시 聲母로
- 해딩 聲母 내에서 다시 聲調로 나뉘어 진다.

四聲通解에는 또한 廣韻(1008), 集韻(1039), 蒙古韻略, 古今韻會擧要(1297) 그리고 中原音韻(1324)이 인용되었다(배윤덕 2003: 123).

배윤덕에 따르면 이들 가운데 완전한 모습을 갖춘 것은 蒙古韻略과 古今韻會擧要이다(배윤덕 2003: 123-124). 四聲通解에는 사실상 蒙韻 혹은 蒙音이라는 音表記가 많이 있다. 蒙古韻略은 四聲通解의 서론에서 언급되기는 하나 현존하지 않는다. 四聲通解에 명시된 자료를 기반으로 蒙古韻略을 구성하려는 시도는 유창균(1974)이 있었다.

본 연구에서는 四聲通解의 韻會音表記가 바로 古今韻會擧要의 音表記를 뜻하는 것이라 가정하고 있다. 古今韻會擧要는 원나라(1260-1368)의 韻書이며 이 작품은 현존하지 않는 古今韻會(1292)를 반영하였다. 고려왕 光宗(949-981)시대, 과거 문과시험에 詩作이 채택되었다. 때문에 고려왕조 중기에 韻書들은 중요한 위치를 차지하고 있었고, 고려 후기에 가장 많이 애용된 韻書가 禮部韻略(1037)과 古今韻會擧要라 볼 수 있다.

古今韻會擧要는 다른 이전 韻書들과 비교했을 때 그 사용이 매우 용이하다는 특징이 있다. 古今韻會擧要의 구성을 살펴보면, 우선 한자들이 四聲으로 나뉘어졌고, 그것들을 韻에 따라 나누고, 각각의 韻은 小韻으로 나뉘어져 있고 각 小韻의 대표 한자 아래 反切이 있다. 이 反切 체계는 集韻(1066)을 주로 따르고 있다(이돈주 1995: 150).

한편 平聲의 첫 번째 韻 東韻을 살펴보면, 이 韻은 다음과 같이 세 종류로 분류되었음을 알 수 있다.

1. 公과 攏 사이의 모든 字
2. 弓과 襛 사이의 모든 字
3. 雄과 熊

이 세 부분은 그 끝에 음각으로 注記되어 있는데, 즉 첫 번째 그룹의 글자들은 公과 같은 韻母을 가지고 있고, 두번째 그룹의 글자들은 弓과 같은 韻母을 가지고 있고, 세번째 그룹은 雄과 같은 韻母을 가지고 있다는 것을 설명하고 있다(이돈주 1994: 140-144). 앞의 예처럼 公, 弓, 雄자로 대표되는 韻母를 '字母韻'이라 한다. 이 그룹 안의 小韻은 聲母에 따라 나뉘어졌다. 일반적으로 反切下字는 단 한 가지의 韻에만 나타난다는 원칙이 있다. 다음 표는 字母韻과 反切下字 사이의 平聲 첫 번째 세 개 韻의 예를 보여준다.

도표 1. 韻, 字母韻 그리고 反切下字(예)(유창균 1974: 275)

韻	字母韻	反切下字
東	公	紅公籠東蒙中馮風叢聰隆戎崇弓
	弓	雄弓融中
	雄	弓
冬	公	宗冬容賓凶攻
	弓	容恭封
江	江	雙江
	岡	江
	光	江

公과 弓 字母韻이 東 韻뿐만 아니라 冬 韻에서도 나타난다는 사실은 字母韻이 韻의 경계를 넘어선다는 것을 보여준다. 단지 字母韻만을 본다면 韻이 동일하지 않아도 字들이 같은 韻母를 가질 수 있는 것처럼 보인다. 또, 字母韻을 기준으로 한 분류는 反切下字를 기준으로 한 분류와 동일하지 않다. 예를 들어 反切下字 江과 같은 韻母音을 가지고 있는 자들은 세 가지의 다른 字母韻(즉, 江, 岡, 光)으로 나뉘어졌다.

古今韻會擧要의 본문 앞에 있는 禮部韻略七音三十六母通攷은 목차와 같은 형태로 小韻의 대표자를 열거하였다. 각 글자 위에 작은 글씨로 자의 오른쪽은 聲母 그리고 왼쪽은 字母韻이 쓰여 있다. 이

리스트의 제목인 禮部韻略七音三十六母通攷[2] 옆에는 검은 바탕에 하얀 음각으로 '蒙古字韻音同'이 기입되어 있다. 여기에서 말하는 蒙古字韻은 1308년에 간행된 蒙古字韻을 의미하는 것이 아니라, 그 이전에 간행된 韻書를 뜻한다. 禮部韻略七音三十六母通攷의 字母韻은 古今韻會擧要 본문의 字母韻과 대부분 일치한다.

2) 제목의 마지막 두 글자 通攷가 四聲通攷의 제목에도 사용되었다는 사실을 주목해야 한다(Ledyard 1966: 313-314 참고).

2

기존 연구

竺家寧(1986)의 平上去各韻配合表를 보면 平聲에서 하나의 字母韻, 上聲에서 하나의 字母韻 그리고 去聲에서 하나의 字母韻을 선택해 모두 하나의 同音群으로 모았는데, 이 세 가지 字母韻들은 예를 들어 羈己寄, 雞啓計, 貲紫恣, 嬀軌媿처럼 동일한 音을 가진다. 四聲通解의 편찬인이 이와 동일한 방법으로 同音群을 만들었는지, 그리고 모든 字母韻이 동일한 중성으로 나뉘어졌는지는 물론 아직 검토해 보아야 하지만 본 연구에서는 이 同音群들을 일단 사용하기로 한다.

曺喜武(1996)은 蒙古字韻에 대해 "聲類와 韻類의 구분으로 보면 〈韻會〉와 대체로 같다"고 주장하고 있다. 蒙古字韻에서는 종성이 없는 한자의 韻의 경우에는 平聲, 上聲, 去聲뿐만 아니라 入聲도 표기되었다는 점이 눈에 띈다. 그렇기 때문에 蒙古字韻에는 音 분류 시 동일한 音을 가진 字母韻의 同音群에 入聲의 字母韻까지 포함되어 있다. 예: 羈己寄訖, 雞啓計吉, 貲紫恣櫛, 嬀軌媿國(曺喜武 1996, 53). 본 연구에서는 이 同音群도 참고 하였다.

寧忌浮(1997), 花登正宏(1978) 그리고 李添富(1999)도 마찬가지로 古今韻會擧要의 音系에 대한 연구를 하였으며 각각 다른 결과에 도달하였다(李添富 1999). 본 연구는 한국 문헌으로 古今韻會擧要의 音系를 연구하려는 것이 아니다. "韻會譯訓"이라는 韻書는 존재하지 않는다. 본 연구의 목표는 단지 만약 四聲通解의 편찬자인 崔世珍이 "韻會譯訓"를 제작하였다면 어떤 모습이었을 것인지를 구성해 보는 것이다[3].

본고는 이 목적을 위해 四聲通解의 韻會表示例를 참고하였으며 그 과정에서 배윤덕(2003)과 이강로(2003)의 목록이 많은 도움이 되었다. 배윤덕(2003: 123-124)에 의하면 "四聲通解에 인용한 중국 韻書 가운데 완전한 모습을 갖춘 것은 蒙古韻略과 古今韻會擧要이다"라 한다. 이는 만약 古今韻會擧要가 四聲通解 내에서 완전한 모습을 갖추었다면 四聲通解의 편찬자가 표기한 음들로 "韻會譯訓"을 제작할 수 있다는 것을 의미한다.

兪昌均(1974) 또한 古今韻會擧要의 音들이 四聲通解에 완전히 기록되었다고 보고 있다. 그러나 四聲通解에 韻會音이 표기되어 있지 않은 경우에는 四聲通解의 正音을 택하였다. 그렇기 때문에 兪昌均(1974, 42)은 四聲通解 내 古今韻會擧要音의 音系와 蒙古韻略의 音系 사이에 다수의 차이가 있다는 결론에 도달하게 된다.

단, 과연 四聲通解의 正音과 古今韻會擧要音이 일치하지 않는 모든 경우에는 四聲通解의 편찬자는 그 古今韻會擧要音을 기입하였을까? 본 논문은 四聲通解의 古今韻會擧要音을 다른 방식으로 접근하여 구성하려 한다.

3) "韻會譯訓"이라는 이름을 선택한 이유는 본 연구에서 구성하려고 하는 책의 성격과 洪武正韻譯訓(洪武正韻의 한자음을 한글로 표기)의 성격이 비슷하기 때문이다.

3

문제제기와 연구방법

본 연구는 四聲通解에 한글로 표기된 古今韻會擧要의 한자음을 다루고 있다. 우선 四聲通解 편찬자가 古今韻會擧要의 한자음을 어떤 규칙에 따라 표기하였는지 확인할 것이다. 한글의 음절은 初聲字, 中聲字 그리고 終聲字로 구성되어 있다. 初聲字의 경우에는 四聲通解의 서문을 보면 한글로 古今韻會擧要의 표기를 어떻게 분류하였는지 정확하게 기입된 韻會三十五字母之圖란 도표가 있다. 또한 終聲字는 명확한 규칙이 있는데 이는 각 韻에 따라 구분되었기 때문이다. 이로써 해결해야 할 논제는 韻會音의 中聲表記들이 어떻게 정해졌는지 밝혀내는 것이다. 이와 관련하여 四聲通解 내 字母韻에 대해 언급한 몇몇 경우가 눈에 띈다. 예를 들어, 契 아래에는 "與器仝則키又云屬計字母韻則켸", 扛 아래에는 "亦屬江字母韻", 耿과 憬 아래에는 "亦屬拱字母韻" 그리고 黯 아래에는 "屬感字母韻"라는 표기를 찾아볼 수 있다. 그래서 다음과 같은 가설을 세울 수 있다: 韻會音의 中聲字들은 字母韻을 따라간다. 즉, 古今韻會擧要의 각 자모운을 위해 四聲通解가 정한 中聲表記가 있다는 뜻이다. 이 中聲表記를 확인하기 위해서는 四聲通解 내 韻會音의 모든 경우를 찾아 字母韻과 대조하고자 한다.

四聲通解의 모든 한자를 古今韻會擧要의 한자와 대조할 수는 없으므로 임의 추출 표본조사를 진행했다. 즉 洪武正韻譯訓의 대표자를 기준으로 하여 古今韻會擧要의 字母韻을 살피고 추가로 四聲通

解의 음가에 대한 기록을(俗音, 今俗音, 韻會音, 蒙韻音) 확인하여 도표화하였다. 이를 위해 洪武正韻譯訓 小韻의 대표자를 사용하게 되는데 이는 洪武正韻譯訓의 中聲字들은 反切字를 기반으로 하나 후에 古今韻會擧要의 字母韻에 근거하여 각 七音(牙音, 舌頭音, 脣重音, 脣輕音, 齒頭音, 正齒音, 喉音, 半舌音, 半齒音)으로 재정리하였기 때문이다(Dormels 1997).

결론적으로 본고의 목적은 四聲通解의 音들을 기반으로 하여 古今韻會擧要의 모든 字母韻의 한글 표기를 구성해 보는 것이다. 이는 만일 崔世珍이 韻會譯訓을 제작하였다면 그것이 어떤 모습을 하였고 어떤 한자음을 어떻게 表記했을 것인지를 연구하는 것이다.

4

古今韻會擧要의 聲母와 四聲通解 내 한글 표기

初聲字와 관련하여 禮部韻略七音三十六母通攷에는 聲母가 기록되어 있다. 아래 도표 한글 바로 옆에 쓰인 것이 바로 그 聲母이다. 古今韻會擧要의 본문에는 反切 외에 字母韻처럼 初聲字에 대한 기록이 있는데 예를 들어 검은 바탕에 흰 글씨로 기입된 宮次濁音이다. 아래 도표는 이렇게 初聲字 ㅁ, 즉 聲母 明을 뜻함을 보여준다. 실질적으로 四聲通解 내 도표와 관련해 몇몇의 편차가 있다. 이는 아래 도표에서 괄호 안에 기입된 한글로 알아보게 하였다. 하지만 初聲字와 관련하여 명백한 오자가 드물지 않다. 이는 일반적으로 반절을 통해 그리고 小韻이 동일한 字母韻 내에서 初聲字에 따라 정리되었다는 사실에 의거하여 쉽게 알아볼 수 있다.

도표 2. 古今韻會擧要의 初聲字와 四聲通解 내 대응하는 한글 표기

見ㄱ	溪ㅋ	群ㄲ		疑ㆁ	魚ㆁ	(ㆁ)	角
端ㄷ	透ㅌ	定ㄸ		泥ㄴ			徵
幫ㅂ	滂ㅍ	並ㅃ		明ㅁ			宮
非ㅸ	敷ㅸ	奉ㅹ		微ㅱ			次宮
精ᅎ	淸ᅔ	從ᅏ		(ᄽ)	心ᄼ	邪ᄽ	商
知ᅐ	徹ᅕ	澄ᅑ		孃ㄴ(ᄿ)	審ᄾ	禪ᄿ	次商
影ㆆ	曉ㅎ	匣ㆅ	(ㆅ)	喩ㅇ	幺ㆆ	(ㆅ)	羽
				來ㄹ 日ㅿ			半徵商
淸音	次淸音	濁音	濁次音	次濁音	次淸次音	次濁次音	

5

古今韻會擧要의 字母韻

이미 언급한 바와 같이 字母韻은 禮部韻略七音三十六母通攷와 古今韻會擧要의 본문에 기록되어 있다. 아래 도표들은 해당 韻들이 기입된 순으로 언급되는 字母韻에 대한 것이다. 마지막 세로칸에는 해당 終聲字들이 기입되어 있다[4].

聲	韻	禮部韻略七音三十六母通攷의 字母韻	古今韻會擧要본문의 字母韻	終聲
平上	一	公, 弓	公, 弓, 雄	ㅇ
平上	二	公, 弓	公, 弓	ㅇ
平上	三	江, 岡, 光	江, 岡, 光	ㅇ
平上	四	羈, 惟, 雞, 貲, 嬀, 規, 麾, 乖	羈, 惟, 雞, 皆(〉貲), 嬀, 規, 麾, 乖	
平上	五	羈, 嬀, 麾	羈, 嬀, 規	
平上	六	居, 孤	居, 孤	
平上	七	居, 孤	居, 孤	
平上	八	雞, 羈, 規	雞, 羈, 規	
平上	九	佳, 乖, 該	佳, 乖, 該	
平上	十	該, 嬀	該, 嬀	
平上	十一	鈞, 巾, 根, 筠, 欣	鈞, 巾, 根, 筠, 欣	ㄴ
平上	十二	鈞, 巾, 筠, 欣, 昆	鈞, 巾, 雲, 欣, 分	ㄴ
平上	十三	昆, 根, 涓, 鞬, 堅, 巾, 干	昆, 根, 涓, 鞬, 堅, 巾, 干	ㄴ
平上	十四	干, 官	干, 官	ㄴ
平上	十五	閒, 關, 干	閒, 關, 干	ㄴ

4) 이 終聲字들은 洪武正韻譯訓에만 해당하는 것이다. 四聲通解에서는 入聲의 한자들은 대부분 終聲字가 없다. 예외적으로 韻 17(四聲通解의 기입순서에 따르면 入聲에 終聲字ㅸ을 포함한 韻 18이고, 이 終聲字의 四聲通解 韻會音은 ㅱ으로 되어 있다)

平下	一	堅, 涓, 韃, 賢, 卷	堅, 涓, 韃, 賢, 卷	ㄴ
平下	二	驍, 驕	驍, 驕	ㅱ
平下	三	交, 高	交, 高	ㅱ
平下	四	高	高	ㅱ
平下	五	歌, 戈, 迦, 瘸	歌, 戈, 迦, 瘸	
平下	六	嘉, 瓜, 牙, 嗟, 迦, 嗟	嘉, 瓜, 牙, 嗟, 迦	
平下	七	岡, 江, 光, 黃, 莊	岡, 江, 亢(〉光), 黃, 莊	ㅇ
平下	八	京, 行, 兄, 經, 搄, 公, 雄, 弘, 弓	京, 行, 兄, 經, 緪(〉搄), 公, 雄, 雄(〉泓), 弓	ㅇ
平下	九	經, 京, 行, 雄	經, 京, 瓊(〉行), 雄	ㅇ
平下	十	搄, 京, 經, 公	搄, 京, 經, 公	ㅇ
平下	十一	鳩, 樛, 鉤, 裒, 浮	鳩, 樛, 鉤, 裒, 浮	ㅱ
平下	十二	金, 歆, 簪	金, 歆, 簪	ㅁ
平下	十三	甘	甘	ㅁ
平下	十四	兼, 箝, 嫌, 杴	兼, 箝, 嫌, 杴	ㅁ
平下	十五	緘, 甘	緘, 甘	ㅁ

- 平上四韻의 皆은 오자일 것이다. 貲이 맞을 것이다.
- 平下七韻의 亢은 오자일 것이다. 光이 맞을 것이다.
- 平下八韻의 緪는 搄을 대신하여 사용된 것으로 보인다.
- 泓과 관련하여 平下八韻의 두 번째 雄는 오자일 것이다. 禮部韻略七音三十六母通攷에서 泓은 弘 字母韻로 기입되었다. 泓이 더 옳을 것이다. 古今韻會擧要에 대한 연구에는 泓을 字母韻으로 본다(曺喜武 1996, 64).
- 平下九韻의 瓊 字母韻과 관련하여 花登正宏의 견해는 맞는 것 같다. "花登正宏(1978: 53-4)의 목록에서 '瓊'이 빠진 것이다. 그 주(注)는 '瓊' 자체가 雄字母韻에 속하고, 그 소속자인 '形'이 雄字母韻이 아니라 行字母韻에 속해야 한다는 점을 들어, 이 瓊字母韻을 삭제해야 한다고 밝히고 있다"(조운성 2010: 207).

上	一	孔	孔	ㆁ
上	二	拱, 孔	拱, 孔, -	ㆁ
上	三	講, 廣, 晄	講, 廣, 晄	ㆁ
上	四	己, 軌, 紫, 癸, 毁, 啟, 唯, 掛	己, 詭(〉軌), 紫, 癸, 毁, 啓, 唯, 掛	
上	五	己, 軌, 毁	己, 軌, 毁	
上	六	擧, 古	擧, 古	
上	七	古, 擧	古, 擧	
上	八	啟, 己	啓, 己	
上	九	解, 掛, 改	解, 掛, 改	
上	十	軌, 改	軌, 改	
上	十一	謹, 稛, 緊, 隕	謹, 稛, 緊, 隕	ㄴ
上	十二	謹, 隕, 袞	謹, 隕, 袞	ㄴ
上	十三	袞, 蹇, 繭, 畎, 卷, 懇, 笴, 謹	袞, 蹇, 繭, 畎, 卷, 笴, 懇, 謹	ㄴ
上	十四	笴, 管	笴, 管	ㄴ
上	十五	簡, 撰, 笴	簡, 撰, 笴	ㄴ
上	十六	繭, 畎, 蹇, 卷, 峴, 撰	繭, 畎, 寒(〉蹇), 卷, 撰, 峴	ㄴ
上	十七	皎, 矯	皎, 矯	ㅱ
上	十八	絞, 杲	絞, 杲	ㅱ
上	十九	杲	杲	ㅱ
上	二十	哿, 果	哿, 果	
上	二十一	賈, 寡, 雅, 且, 炧	賈, 寡, 雅, 且, 炧	
上	二十二	晄, 講, 晃, 廣, [illegible]	晄, 講, 廣, 晃, [illegible]	ㆁ
上	二十三	景, 剄, 杏, 孔, 礦, 頃, 拱, 肯	景, 剄, 杏, 孔, 頃, 拱, 肯	ㆁ
上	二十四	剄, 景, 杏, 頃	剄, 景, 杏, 頃	ㆁ
上	二十五	肯, 景	肯, 景	ㆁ
上	二十六	九, 糾, 耇, 掊, 婦	九, 糾, 耇, 掊, 婦	ㅱ
上	二十七	錦	錦	ㅁ
上	二十八	感	感	ㅁ
上	二十九	檢, 歉, 險	檢, 檢, 歉	ㅁ
上	三十	減, 感	減, 感	ㅁ

- 上聲四韻의 詭는 본문에서 軌와 관련해 오자일 것으로 보이는데, 이는 詭로 기입된 字母韻이 軌로 시작하기 때문이다.
- 上聲十六韻의 寋은 오자일 것이다. 蹇이 맞을 것이다.
- 上聲二十三韻의 礦은 禮部韻略七音三十六母通攷에만 字母韻으로 기입되어 있다. 이 字母韻에는 단 하나의 小韻 卝만 분류되어 있다. 본문에는 卝 小韻 은 孔 字母韻이 있다. 礦 小韻의 경우에는 禮部韻略七音三十六母通攷과 본문에 孔 字母韻이 있다. 이로써 礦은 여기에서 (禮部韻略七音三十六母通攷와 관련하여서도) 字母韻으로 보지 않는다.

去	一	貢, 供	貢, 供	ㅇ
去	二	供, 貢	供, 貢, -	ㅇ
去	三	絳, 誑	絳, 誑	ㅇ
去	四	寄, 恚, 計, 恣, 媿, 季, 諱, 怪	寄, 恚, 計, 恣, 媿, 季, 怪	
去	五	寄, 媿, 諱	寄, 媿, 諱	
去	六	據, 顧	據, 顧	
去	七	據, 顧	據, 顧	
去	八	寄, 計, 媿, 季	寄, 計, 媿, 季	
去	九	蓋, 媿	蓋, 媿	
去	十	懈, 卦, 蓋	解(〉懈), 卦, 蓋	
去	十一	媿, 季, 蓋, 寄	媿, 李, 蓋, 寄	
去	十二	靳, 攗, 焮, 艮	靳, 攗, 艮	ㄴ
去	十三	靳, 焮, 運, 攗, 睔	靳, 焮, 運, 攗, 睔	ㄴ
去	十四	建, 見, 睊, 睔, 䜌, 旰, 靳, 艮	建, 見, 履睔(〉睊), 睔, 欒(〉䜌), 旰, 靳, 艮	ㄴ
去	十五	旰, 貫	旰, 貫	ㄴ
去	十六	諫, 慣, 旰	諫, 慣, 旰	ㄴ
去	十七	見, 睊, 建, 現, 䜌, 慣	見, 睊, 建, 現, 䜌, 慣	ㄴ
去	十八	叫, 撟	叫, 橋(〉撟)	ㅱ
去	十九	教, 誥	教, 誥, -	ㅱ

去	二十	誥	誥	ㅸ
去	二十一	箇, 過	固(〉箇), 過	
去	二十二	訝, 跨, 駕, 藉, 借	詐, 駕, 跨, 藉, 借	
去	二十三	鋼, 壯, 絳, 誑, 況	鋼, 壯, 絳, 誑	ㆁ
去	二十四	敬, 勁, 行, 亘, 貢, 供	敬, 勁, 行, 亘, 貢, 供	ㆁ
去	二十五	勁, 敬, 行, 亘, 貢	勁, 敬, 行, 亘, 貢, -	ㆁ
去	二十六	救, 齅, 冓, 戊, 復	救, 齅, 冓, 戊, 復	ㅸ
去	二十七	禁, 譖	禁, 譖	ㅁ
去	二十八	紺	紺	ㅁ
去	二十九	劒, 欠	劒, 欠	ㅁ
去	三十	鑑, 紺	鑑, 紺	ㅁ

- 去聲十韻의 解는 오자일 것이다. 懈가 맞을 것이다.
- 去聲十四韻에는 字母韻이 있어야 할 자리에 오류로 "已上履睔母韻"이 기입되어 있다. 禮部韻略七音三十六母通攷에 따르면 "已上睊字母韻"이 있어야 했다.
- 去聲十四韻의 欒는 오자일 것이다. 孌이 맞을 것이다.
- 去聲十八韻의 橋는 오자일 것이다. 撟가 맞을 것이다.
- 去聲二十一韻의 固는 오자일 것이다. 箇가 맞을 것이다.
- 去聲二十三韻의 況은 禮部韻略七音三十六母通攷에서만 字母韻이다. 본문에서는 이 況 小韻은 絳 字母韻이 있다. 古今韻會擧要에는 況 아래 다음과 같이 기입되어 있다: "蒙古韻況屬況韻".

入	一	穀, 匊	穀, 匊	ㄱ
入	二	穀, 匊	穀, 匊	ㄱ
入	三	覺, 郭, 各	覺, 各, 郭	ㄱ
入	四	吉, 訖, 聿, 櫛, 國, 橘, 匊, 穀	吉, 訖, 聿, 櫛, 國, 橘, 匊, 穀	ㄷ

入	五	穀, 訖, 匊	穀, 訖, 匊	ㄷ
入	六	厥, 訐, 怛, 結, 玦, 穀	厥, 玦, 訐, 結, 怛, 穀	ㄷ
入	七	葛, 括, 怛	葛, 括, 怛	ㄷ
入	八	戛, 怛, 訐, 刮	戛, 怛, 訐, 刮	ㄷ
入	九	結, 訐, 玦, 厥, 玦	結, 訐, 玦	ㄷ
入	十	脚, 爵, 郭, 矍, 各	脚, 郭, 矍, 各, 爵	ㄱ
入	十一	格, 虢, 額, 訖, 聿, 國	格, 虢, 額, 訖, 聿, 國	ㄱ
入	十二	吉, 橘, 洫, 訖	吉, 橘, 訖	ㄱ
入	十三	訖, 國, 洫, 黑, 克	訖, 國, 洫, 黑, 克	ㄱ
入	十四	訖, 櫛	訖, 櫛	ㅂ
入	十五	葛, 怛	葛, 怛	ㅂ
入	十六	訐, 結	訐, 結	ㅂ
入	十七	戛, 怛	戛, 但(〉怛)	ㅂ

• 入聖十七韻의 但은 怛의 오자일 것이다.

古今韻會擧要(본문)의 字母韻

平聲

公, 弓, 雄, 江, 岡, 光, 黃, 莊, 京, 行, 兄, 經, 揯, 泓	ㅇ
羈, 惟, 雞, 貲, 嬀, 規, 麾, 乖, 佳, 該, 居, 孤, 歌, 戈, 迦, 瘸, 嘉, 瓜, 牙, 嗟	
鈞, 巾, 根, 筠, 欣, 昆, 涓, 鞬, 堅, 干, 官, 閒, 關, 賢, 卷, 雲, 分	ㄴ
驍, 驕, 交, 高, 鳩, 樛, 鉤, 裒, 浮	ㅱ
金, 歆, 簪, 甘, 緘, 兼, 箝, 嫌, 杴	ㅁ

上聲

孔, 拱, 講, 廣, 吭, 晃, 緪, 景, 剄, 杏, 頃, 肯	ㅇ
己, 紫, 癸, 毁, 啓, 唯, 掛, 軌, 擧, 古, 解, 改, 果, 哿, 賈, 寡, 雅, 且, 炧	
謹, 稛, 緊, 隕, 袞, 蹇, 繭, 畎, 卷, 笴, 懇, 謹, 管, 簡, 撰, 畎, 峴	ㄴ
皎, 矯, 九, 糾, 耇, 掊, 婦, 杲, 絞	ㅱ
錦, 檢, 歉, 減, 感	ㅁ

去聲

貢, 供, 絳, 誑, 鋼, 壯, 敬, 勁, 行, 亘	ㅇ
寄, 媿, 諱, 計, 季, 蓋, 懈, 卦, 恚, 恣, 怪, 據, 顧, 箇, 過, 詐, 駕, 跨, 藉, 借	
靳, 攈, 艮, 焮, 運, 睔, 建, 見, 睊, 䜌, 旰, 靳, 貫, 諫, 慣, 現	ㄴ
叫, 撟, 教, 誥, 救, 齅, 冓, 戊, 復	ㅱ
禁, 譖, 紺, 鑑, 劒, 歉	ㅁ

入聲

穀, 匊, 覺, 各, 郭, 脚, 矍, 爵, 吉, 訖, 聿, 櫛, 國, 橘, 格, 虢, 額, 洫, 黑, 克, 厥, 訐, 結, 怛, 玦, 葛, 括, 戛, 刮.

6

洪武正韻譯訓 및 四聲通解 韻들의 개요

洪武正韻譯訓의 韻類를 네 가지의 그룹으로 분류하면 다음과 같다: (開: -i,-u), (齊: +i,-u), (合: -i,+u) 그리고 (撮: +i,+u).

다음 도표는 平聲의 22개의 韻類에 관한 것이다.

	1	2	3	4	5	6	7	8	9	10	11	12	13	14	15	16	17	18	19	20	21	22
	東	支	齊	魚	模	皆	灰	眞	寒	刪	先	蕭	爻	歌	麻	遮	陽	庚	尤	侵	覃	鹽
Au[5]	ㅇ							ㄴ	ㄴ	ㄴ	ㄴ	ㅱ	ㅱ				ㅇ	ㅇ	ㅱ	ㅁ	ㅁ	ㅁ
開		ㅡ				ㅐ		ㅡ	ㅓ	ㅏ			ㅏ	ㅓ	ㅏ		ㅏ	ㅢ	ㅡ	ㅡ	ㅏ	
齊		ㅣ	ㅖ			ㅒ		ㅣ		ㅑ	ㅕ	ㅕ	ㅑ		ㅑ	ㅕ	ㅑ	ㅣ	ㅣ	ㅣ	ㅑ	ㅕ
合	ㅜ				ㅜ	ㅙ	ㅟ	ㅜ	ㅝ	ㅘ				ㅝ	ㅘ		ㅘ	ㅟ				
撮	ㅠ			ㅠ				ㅠ			ㆊ					ㆊ		ㆌ				

四聲通解는 이에 반하여 23개의 韻類가 있는데, 이는 八韻이 두 개의 韻으로 나뉘어졌기 때문이다. 그러나 앞으로도 洪武正韻譯訓의 계산체계를 쓰도록 하겠다.

5) Au = 終聲字

7

연구결과

7.1. 개요

근본적인 질문은 다음과 같다: 四聲通解 편찬자인 崔世珍이 韻會譯訓이라는 韻書를 편찬했다면 한자들은 어떤 中聲字를 가졌을 것인가?

四聲通解와 古今韻會擧要의 字母韻과 韻會音은 상관관계가 있다고 이미 앞에서 언급하였다. 이를 통해 四聲通解에 韻會音의 中聲이 字母韻을 기반으로 하였다는 점을 가설로 세웠으며 본 연구를 통해서 이 가설은 증명될 수 있었다. 그리고 증명과정은 뒤에 나오는 도표들로 확인할 수 있다.

四聲通解에는 韻會音이 242번 정도 기입되었다. 먼저 四聲通解에 韻會音으로 표기된 한자가 古今韻會擧要에서는 어떤 字母韻에 속하는지 살펴보았다.

예를 들어:

四聲通解에 籠은 正音 "ㄹㅠㅇ"이 있고 韻會音 "ㄹㅜㅇ"이 있다. 古今韻會擧要에 籠은 公 字母韻에 속한다.

四聲通解에 朋은 正音 "ㅃㅢㅇ"이 있고 韻會音 "ㅃㅜㅇ"이 있다. 古今韻會擧要에 朋은 公 字母韻에 속한다.

四聲通解에 觥은 正音 "ㄱㅟㅇ"이 있고 韻會音 "ㄱㅜㅇ"이 있다. 古今韻會擧要에 觥은 公 字母韻에 속한다.

그래서 韻會譯訓에는 公 字母韻의 중성이 "ㅜ"이었을 것이라는 결과를 내릴 수 있다.

242 번의 거의 모든 경우 동일한 字母韻은 동일한 중성을 가졌으며 단지 5번의(2.1%) 예외가 있을 뿐이었다. 이처럼 四聲通解의 편찬자가 韻會音의 중성 확정 시 字母韻을 따랐음을 유추해 낼 수 있다.

남은 과제는 崔世珍이 韻會譯訓을 편찬했다면 古今韻會擧要의 모든 218개 字母韻에 대응하여 썼을 법한 한글 표기를 택하는 것이다. 위 公 字母韻의 예처럼 218개 字母韻 중 98개는 四聲通解의 音 표기를 확인하여 韻會音으로 택할 수 있었다.

이제 韻會音 표기를 적용할 수 없었던 音들의 구성을 위해 사용했을 규칙과 방법에 대해 검토해 보도록 한다. 본고는 이를 위하여 洪武正韻譯訓 小韻의 1929개 대표자를 임의 추출 표본으로 사용하였다.

平聲, 上聲 그리고 去聲의 한 字母韻은 일반적으로 한 字母韻 同音群으로 정리되어 있고, 이는 한 同音群이 같은 중성을 가지고 있어야 한다는 것을 뜻한다. 예를 들어 公 字母韻(平聲)은 孔 字母韻(上聲)과 貢 字母韻(去聲)과 함께 하나의 字母韻 同音群을 이룬다. 또한 弓 字母韻(平聲), 拱 字母韻(上聲), 供 字母韻(去聲) 그리고 岡 字母韻(平聲), 甿 字母韻(上聲), 鋼 字母韻(去聲) 등이 마찬가지다. 하지만 세 聲調의 字母韻을 항상 찾을 수 있는 것은 아니다. 黃 字母韻(平聲)과 晃 字母韻 (上聲)이 字母韻 그룹을 이루지만 去聲에 있는 字母韻이 없다. 兄 字母韻(平聲)과 泓 字母韻(平聲)은 각각 따로 하나의 그룹을 이루고 있다.

이러한 방식으로 67개의 字母韻 同音群을 만들 수 있었으며 이 중 58개의 경우 세 聲調를 모두 가지고 있는 字母韻 同音群을 찾을 수 있다.

이 同音群들 중 16개는 그 同音群의 平聲, 上聲, 去聲 모두에서

四聲通解의 동일한 韻會音 표기가 발견되었다.

예를 들면:

籠 (平聲)의 경우에는 四聲通解의 韻會音은 "ㄹㅜㅇ"이다. 古今韻會擧要에는 公 字母韻에 속한다.

猛 (上聲)의 경우에는 四聲通解의 韻會音은 "ㅁㅜㅇ"이다. 古今韻會擧要에는 孔 字母韻에 속한다.

孟 (去聲)의 경우에는 四聲通解의 韻會音은 "ㅁㅜㅇ"이다. 古今韻會擧要에는 貢 字母韻에 속한다.

公 字母韻, 孔 字母韻, 貢 字母韻은 같은 字母韻 同音群에 속하고 韻會譯訓에는 중성이 "ㅜ"가 되었을 것이다.

이 16개의 同音群들을 통해 四聲通解 韻會音의 표기를 상당히 명확하게 예측할 수 있다. 그래서 四聲通解의 편찬자가 어떤 방식으로 진행하였는지 알 수 있도록 해당 16개의 同音群을 세세히 검토해 보도록 한다.

이 16개의 同音群을 연구하면서 752개의 임의 추출 표본을 검토하였다. 이 중 622개(82.71%)의 경우에는 洪武正韻譯訓의 正音의 중성자는 四聲通解의 韻會音 검토를 통해서 확인된 중성자와 같다. 이런 경우 四聲通解에는 韻會音 표기는 필요치 않다. 반대로 正音의 중성자와 확인된 韻會音의 중성자가 같지 않은 경우는 130 개이다. 만일 四聲通解 편찬자가 正音과 韻會音이 같지 않은 경우, 韻會音을 기록해야 한다는 규칙을 따랐다면 위의 130개 모든 경우에 韻會音이 기입되어 있어야 한다.

그러나 이는 단지 41개의 경우(31.54%)에만 해당하고 나머지 89개의 경우(68.46%)에는 그렇지 않다. 눈에 띄는 것은 60개의 경우

(67.42%) 사성통해에서 예측되는 韻會音과 같은 蒙韻音이 기입되어 있다는 것이다. 8개의 경우, 사성통해에서 예측되는 韻會音과 같은 俗音이 기입되어 있다. 이로써 752개의 임의 추출 견본 중 21개(2.79%)의 경우 四聲通解에서 예측되는 韻會音이 正音, 韻會音, 蒙韻, 俗音으로 기입되어 있지 않다는 것을 알 수 있었다. 하지만 반대로 723개의 경우(96.14%)는 예측되는 韻會音에 正音, 韻會音 혹은 俗音 중 하나로 기입되어 있는 것이다.

위의 내용을 도표화하면 다음과 같다:

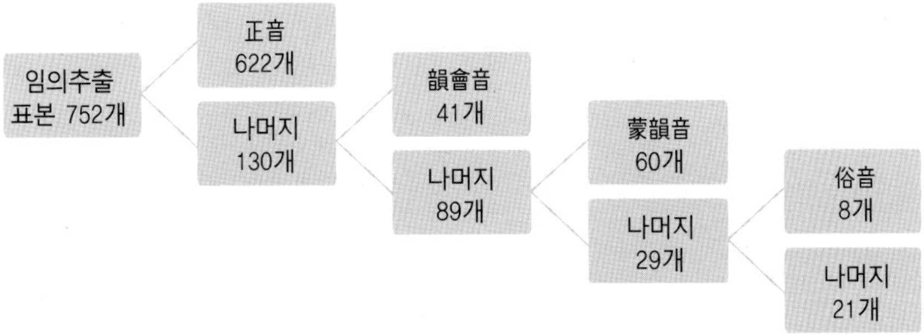

이는 四聲通解의 편찬자가 韻會音이 正音과 다른 경우, 몇몇 경우에는 韻會音, 몇몇 경우에는 韻會音과 蒙韻音 그리고 나머지 몇몇 경우에는 단지 蒙韻音만 기입하였음을 의미한다.

이는 韻會音과 蒙韻音이 동일함을 의미하는 것인가?

이에 더해 234개의 四聲通解[6] 韻會音을 조사하도록 하자. 四聲通解의 韻會音이 기입된 경우, 185개의 경우 四聲通解에 韻會音과 같은 음을 가진 蒙韻音이 기입되어 있다. 단지 23개의 경우(9.8%) 차이

6) 이 수는 四聲通解 242개의 韻會音보다 약간 적은데 이는 音을 표기하면서 가끔 2개의 音이 기입된 경우가 있기 때문이다.

점을 보이고 있다.

이 차이점들은 또 다시 네 개의 그룹으로 나눌 수 있다[7]:

- 禮部韻略七音三十六母通攷의 况 字母韻
- 중성 "ᅪ"과 관련된 경우의 차이
- 雄 字母韻과 頃 字母韻 (종성 ㅇ 번호 12)에 관련된 차이
- 개별적 예들

218개의 字母韻 중 四聲通解에 韻會音을 위한 표기가 없는 116개의 경우, 四聲通解의 편찬자들이 韻會譯訓을 편찬하였다면 어떻게 표기했을지에 대한 질문에 대한 명확한 답변을 할 수는 없다. 그러나 통계적으로 봤을 때 蒙韻音과 韻會音이 상당히 자주 동일하게 나타나기 때문에 韻會音이 없는 경우 蒙韻音이 韻會音에 대한 힌트를 줄 수는 있을 것이다.

위 통계결과에 따라 韻會譯訓의 구성을 위해 다음과 같은 기본규칙을 정한다:

- 古今韻會擧要의 한 字母韻에 四聲通解의 한 韻會音의 중성자를 분배할 수 있는 경우, 四聲通解 편찬자들이 韻會譯訓을 만들었다면 이 字母韻의 중성을 한글로 표기하기 위하여 바로 이 四聲通解의 韻會音의 중성자로 확정했을 것이라 예측할 수 있다.
- 古今韻會擧要의 한 字母韻에 四聲通解의 한 韻會音의 중성자를 분배할 수 없는 경우에는 韻會譯訓의 중성자를 정하기 위하여 임의 추출 표본검사의 결과를 사용하도록 한다:

---

7) 四聲通解의 韻會音과 蒙韻音 사이의 차이는 부록 1 참고.

- 韻會에서 같은 字母音을 가진 한자 표본들 모두(아니면 거의 모두) 같은 중성자를 가진 正音이 있는 경우, 四聲通解의 편찬자들은 韻會譯訓의 중성자를 정하기 위하여 正音의 중성자를 택했을 것이라고 예측할 수 있다.
- 단 韻會에서 같은 字母音을 가진 한자표본들 모두(아니면 거의 모두) 같은 중성자를 가진 蒙韻音이 있는 경우, 四聲通解의 편찬자들은 韻會譯訓의 중성자를 정하기 위하여 蒙韻音의 중성자를 택했을 것이라고 예측할 수 있다.

• 같은 字母韻 同音群에 속하는 字母韻(예를 들면: 公孔貢, 弓拱供, 岡晄鋼)의 중성은 같다고 예측한다.

이 규칙들의 기본은 통계에 두며, 음운론적인 고려는 하지 않는다. 물론 각 개개의 경우를 제각기 고려하였다. 특히 표본 수가 적은 경우에는 위 기본규칙을 따라가지 않고 예외적인 해결책을 선택한 경우도 있다.

이러한 방식으로 본 연구에서 모든 字母韻에 해당하는 한글 중성자를 분배할 수 있었고, 따라서 四聲通解 편찬자가 韻會譯訓을 편찬했다면 어떤 중성자를 사용했을 것인지 예측할 수 있게 되었다.

다음 장에는 218개의 모든 字母韻을 자세히 조사한 결과를 소개하겠다.

7.2. 古今韻會擧要의 字母韻과 四聲通解에서의 대응

7.2.1. 도표에 대한 설명

다음은 古今韻會擧要 218개의 字母韻을 조사한 것이다. 이렇게 하면서 平聲, 上聲 그리고 去聲을 同音群으로 묶어 분류하였다(竺家

寧, 1986참고).

- 종성 "ng"를 가진 36개의 字母韻은 14개의 同音群으로 나뉜다.
- 종성이 없는 (平聲, 上聲 그리고 去聲) 59개의 字母韻은 20개의 同音群으로 나뉜다.
- 종성 "n"를 가진 47개의 字母韻은 15개의 同音群으로 나뉜다.
- 종성 "mh"를 가진 27개의 字母韻은 9개의 同音群으로 나뉜다.
- 종성 "m"를 가진 20개의 字母韻은 9개의 同音群으로 나뉜다.
- 入聲을 가진 29개의 字母韻

平聲의 예를 들어 종성 "mh"를 가진 9개 同音群 중 8번째 그룹을 다음 페이지에 명시된 것처럼 설명할 수 있다.

8	裒	掊	戊	"ou"	"əu"

平聲

裒

音	字	四聲通解 韻會音	韻會		
			韻	禮部	字母韻
19奉ㅹㅡㅱ	䳓	ㅸㅜㅱ	11b	非ㅸ裒	次宮次淸音ㅸ裒

洪武正韻譯訓				四聲通解	韻會		
		俗音	韻			禮部	韻會
ㅃ	裒ㅡ		19		11b	裒	裒
ㅁ	謀ㅡ		19	蒙韻ㅜ	11b	裒	裒

正音	俗音	韻會音	蒙韻音	
ㅡ				1
ㅡ			ㅜ	1

도표 제일 상부에 다음과 같은 내용이 명시되어 있다. 예를 들어:

- 字母韻 同音群의 일련번호 (8)
- 平聲의 字母韻 (裒)
- 上聲의 字母韻 (掊)
- 去聲의 字母韻 (戊)
- 竺家寧(1986)에 따른 古今韻會擧要의 音 (ou)
- 曺喜武(1996)에 따른 古今韻會擧要의 音 (əu)

그리고 그 아래 두 번째 도표, 즉 四聲通解에 기입된 韻會音과 여기서 분석하는 古今韻會擧要에 기입된 字母韻, 즉 裒 字母韻으로 만든 도표가 뒤를 따른다. 여기에는 禮部韻略七音三十六母通攷(禮部)와 古今韻會擧要 본문의 音 표기(字母韻) 사이의 표기법, 즉 古今韻會擧要의 音 표기에 대해 기입된다. 䳲 小韻의 경우 禮部韻略七音三十六母通攷와 古今韻會擧要 본문에서 동일한 字母韻을 볼 수 있다. 하지만 항상 그런 것은 아니다. 이 경우 古今韻會擧要 본문의 표기가 본 연구에 결정적인 역할을 한다. 古今韻會擧要는 平聲上, 平聲下, 上聲, 去聲, 入聲으로 구분되어있다. 그래서 平聲에 속하는 韻에 경우 平聲上은 a로 平聲下는 b로 표기했다.

그리고 그 다음 도표들은 표본조사의 결과이다. 여기에서 다루는 古今韻會擧要字母韻을 가진 洪武正韻譯訓의 小韻 대표자들에 관한 것이다. 세 번째 도표를 보면 四聲通解에 관한 세로칸에는 俗音, 今俗音, 蒙韻音 또는 韻會音이 기록되어 있으나 正音의 중성자가 다르지 않은 경우만 해당된다. 마지막 도표에는 임의 추출 표본조사의 통계적 요약이 기입되어 있다. 만족할만한 결과에 도달하기 위해 이 표본조사가 충분하지 않을 경우 나머지 小韻들도 조사된다.

7.2.2. 종성 "ng"(ŋ)을 가진 字母韻

일련 번호	字母韻 (平聲)	字母韻 (上聲)	字母韻 (去聲)	竺家寧(1986)의 音	曺喜武(1996)의 音
1	公	孔	貢	u	u
2	弓	拱	供	iu	ėu
3	岡	吭	鋼	a	a
4	江	講	絳	ia	ia
5	光	廣	誑	ua	ua
6	黃	晃		ua	ua
7	莊	瓾	壯	o	ua
8	揯	肯	亘	ə	ə
9	京	景	敬	i	iə
10	經	剄	勁	iə	iə
11	行	杏	行	i	iə
12	雄	頃		yə	ėu
13	兄			u(ə)	iuə
14	泓			[yə]	uə

1	公	孔	貢	“u”	“u”

平聲

公

音	字	四聲通解 韻會音	韻會		
			韻	禮部	字母韻
01來ㄹㅠㆁ	籠	ㄹㅜㆁ	01a	來ㄹ公	半徵商音ㄹ公
18並ㅃㅢㆁ	朋	ㅃㅜㆁ	10b	並ㅃ公	宮濁音ㅃ公
18明ㅁㅢㆁ	盲	ㅁㅜㆁ	08b	明ㅁ公	宮次濁音ㅁ公
18見ㄱㅟㆁ	觥	ㄱㅜㆁ	08b	見ㄱ公	角淸音ㄱ公
18曉ㅎㅟㆁ	鍧	ㅎㅜㆁ	08b訇	曉ㅎ公	羽次淸音ㅎ公
18喩ㆁㆌㆁ	縈	ㆆㅜㆁ	08b	乡ㆆ弓	羽次淸次音ㆆ公

禮部韻略七音三十六母通攷에서 縈 小韻은 弓 字母韻을 갖지만 古今韻會擧要의 본문에서는 公 字母韻을 갖는다. 그리고 古今韻會擧要의 본문에는 蒙古韻屬弓韻라는 표기 또한 되어 있다.

四聲通解에 縈 小韻 아래에는 다음과 같은 표기가 있다:

韻會蒙韻ㆆㅜㆁ韻會云蒙韻屬弓字母韻則音ㆆㅠㆁ.

洪武正韻譯訓				四聲通解	韻會		
		俗音	韻			禮部	韻會
ㄱ	公ㅜ		01		01a	公	公
ㅋ	空ㅜ		01		01a	公	公
ㄷ	東ㅜ		01		01a	公	公
ㅌ	通ㅜ		01		01a	公	公
ㄸ	同ㅜ		01		01a	公	公
ㄴ	農ㅜ		01		02a	公	公
ㅃ	蓬ㅜ		01		01a	公	公
ㅁ	蒙ㅜ		01	今俗音ㅡ	01a	公	公

ㅸ	風ㅜ		01		01a	公	公
ㅹ	馮ㅜ		01		01a	公	公
ᅎ	宗ㅜ		01		02a	公	公
ᅔ	悤ㅜ		01		01a	公	公
ᅏ	叢ㅜ		01		01a	公	公
ᅑ	崇ㅜ		01		01a	公	公
ㆆ	翁ㅜ		01		01a	公	公
ㅎ	烘ㅜ		01		01a	公	公
ㆅ	洪ㅜ		01		01a	公	公

洪武正韻譯訓				四聲通解	韻會		
		俗音	韻			禮部	韻會
ᅐ	中ㅠ	ㅜ	01	俗音ㅜ	01a	公	公
ᅕ	充ㅠ	ㅜ	01	俗音ㅜ	01a	公	公
ᄾ	春ㅠ	ㅜ	01	俗音蒙韻ㅜ今俗音ㅜ	02a	公	公

洪武正韻譯訓				四聲通解	韻會		
		俗音	韻			禮部	韻會
ㅁ	盲ㅓ	ㅡ, ㅣ	18	俗音ㅡ韻會蒙韻ㅜ	08b	公	公

洪武正韻譯訓				四聲通解	韻會		
		俗音	韻			禮部	韻會
ㄱ	觥ㅟ		18	韻會蒙韻今俗音中原音韻ㅜ	08b	公	公
ㅎ	鍧ㅟ		18	蒙韻韻會今俗音ㅜ	08b	訇:公	公
ㅋ	輷ㅟ		18	韻會音今俗音空（“ㅜ”)	10b	公	公
ㆅ	横ㅟ		18	俗音蒙韻ㅜ今俗音ㅜ	08b	公	公

公

正音	俗音	韻會	蒙韻	
ㅜ				17
ㅠ	ㅜ			2
ㅠ	ㅜ		ㅜ	1
ㅢ	ㅡ	ㅜ	ㅜ	1
ㅟ		ㅜ	ㅜ	2
ㅟ		空 (ㅜ)		1
ㅟ	ㅜ		ㅜ	1

上聲

孔

音	字	四聲通解 韻會音	韻會		
			韻	禮部	字母韻
01來ㄹㅠㅇ	曨	ㄹㅜㅇ	01	來ㄹ孔	半徵商音ㄹ孔
18明ㅁㅢㅇ	猛	ㅁㅜㅇ	23	明ㅁ孔	宮次濁音ㅁ孔
18匣ㆅㅟㅇ	丱	ㆅㅜㅇ	23	匣ㆅ礦	羽濁次音(ㆅ)孔

洪武正韻譯訓				四聲通解	韻會		
		俗音	韻			禮部	韻會
ㅋ	孔ㅜ		01		01	孔	孔
ㄷ	董ㅜ		01		01	孔	孔
ㅌ	統ㅜ		01		01	侗:孔	孔
ㄸ	動ㅜ		01		01	孔	孔
ㅂ	琫ㅜ		01		01	孔	孔
ㅁ	蠓ㅜ		01	今俗音ㅡ	01	孔	孔
ㅸ	捧ㅜ		01		02	孔	孔
ㅈ	總ㅜ		01		01	孔	孔
ㆆ	蓊ㅜ		01		01	孔	孔
ㆅ	澒ㅜ		01		01	嗊:孔	孔

洪武正韻譯訓				四聲通解	韻會		
		俗音	韻			禮部	韻會
ㄹ	曨ㅠ		01	蒙韻韻會ㅜ	01	鴻:孔	孔
ㅈ	腫ㅠ	ㅜ	01	俗音ㅜ	02	孔	孔
ㅊ	寵ㅠ	ㅜ	01	俗音ㅜ	02	孔	孔

洪武正韻譯訓				四聲通解	韻會		
		俗音	韻			禮部	韻會
ㅁ	猛ㅓ	ㅡ	18	俗音ㅡ韻會蒙韻ㅜ	23	孔	孔

洪武正韻譯訓				四聲通解	韻會		
		俗音	韻			禮部	韻會
ㄱ	礦ㄱ		18	音 궁 銀	23	孔	孔
ㆅ	ㅐㄱ		18	俗音ㅖ今韻俗音ㅡ,ㅜ韻會ㅜ	23	礦	孔

孔

正音	俗音	韻會	蒙韻	
ㅜ				10
ㅠ		ㅜ	ㅜ	1
ㅠ	ㅜ			2
ㅓ	ㅡ	ㅜ	ㅜ	1
ㅝ	ㅖ	ㅜ		1
ㅝ				1

去聲

貢

音	字	四聲通解 韻會音	韻會		
			韻	禮部	字母韻
18明ㅁㅓㅇ	孟	ㅁㅜㅇ	24	明ㅁ亘	宮次濁音ㅁ貢

洪武正韻譯訓				四聲通解	韻會		
		俗音	韻			禮部	韻會
ㄱ	貢ㅜ		01		01	貢	貢
ㅋ	控ㅜ		01		01	貢	貢
ㄷ	涷ㅜ		01		01	貢	貢
ㅌ	痛ㅜ		01		01	貢	貢
ㄸ	洞ㅜ		01		01	貢	貢
ㅁ	夢ㅜ		01	今俗音ㅡ	01	貢	貢
ㅸ	賵ㅜ		01		01	貢	貢
ㅹ	鳳ㅜ		01		01	貢	貢
ㅈ	糉ㅜ		01		01	貢	貢
ㅅ	送ㅜ		01		01	貢	貢
ㆅ	哄ㅜ		01		01	貢	貢
ㄹ	弄ㅜ		01		01	貢	貢

洪武正韻譯訓				四聲通解	韻會		
		俗音	韻			禮部	韻會
ㅈ	衆ㅠ	ㅜ	18	俗音ㅜ	01	中:貢	貢

洪武正韻譯訓				四聲通解	韻會		
		俗音	韻			禮部	韻會
ㆅ	橫ㅟ		18	俗音韻會ㅜ	24	貢	貢

貢

正音	俗音	韻會	蒙韻	
ㅜ				12
ㅠ	ㅜ			1
ㅟ	ㅜ		ㅜ	1

결과 "ㅜ"

중성자 "ㅜ"는 모든 聲調에서 四聲通解의 韻會音이 확인되었다. 이 밖에 임의 추출 표본조사에서도 중성자 "ㅜ"는 확인되었다.

2	弓	拱	供	"iu"	"ėu"[eu]

平聲

弓

音	字	四聲通解 韻會音	韻會		
			韻	禮部	字母韻
01清ᅔㅜᅌ	樅	ᅔㅠᅌ	02a	清ᅔ弓	商次清音ᅔ弓
01心ᄾㅠᅌ	松	ᄿㅠᅌ	02a	邪ᄿ弓	商次濁音(ᄿ) 弓
01穿ᅕㅠᅌ	沖	ᅕㅠᅌ	01a	澄ᅕ弓	次商濁音ᅕ弓
18心ᄾㅣᅌ	觧	ᄾㅠᅌ	08b	心ᄾ弓	商次清次音ᄾ弓

洪武正韻譯訓				四聲通解	韻會		
		俗音	韻			禮部	韻會
ㄲ	窮ㅠ		1		01a	弓	弓
ㆁ	顒ㅠ		1		02a	弓	弓
ㆆ	邕ㅠ		1		02a	弓	弓
ㆅ	胷ㅠ		1		02a	弓	弓
ㅇ	融ㅠ		1		01a	弓	弓
ㄱ	弓ㅠ	ㅜ	1	俗音ㅜ	01a	弓	弓
ㅋ	穹ㅠ	ㅜ	1	俗音ㅜ	01a	弓	弓
ᅎ	縱ㅠ	ㅜ	1	俗音ㅜ	02a	弓	弓
ᅏ	從ㅠ	ㅜ	1	俗音ㅜ	02a	弓	弓
ᄾ	松ㅠ	ㅜ	1	俗音ㅜ	02a	弓	弓
ᅕ	蟲ㅠ	ㅜ	1	俗音ㅜ	01a	弓	弓
ㄹ	龍ㅠ	ㅜ	1	俗音ㅜ	02a	弓	弓
ㄹ	隆ㅠ		1	俗音ㅜ	01a	弓	弓
ㅿ	戎ㅠ	ㅜ	1	俗音ㅜ	01a	弓	弓

洪武正韻譯訓				四聲通解	韻會		
		俗音	韻			禮部	韻會
ㅅ	觧ㅣ	ㅡ	18	俗音ㅡ蒙韻韻會ㅠ	08b	-	弓

洪武正韻譯訓				四聲通解	韻會		
		俗音	韻			禮部	韻會
ㅇ	榮ㆌ	ㅠ, ㅣ	18	俗音ㅠ, ㅣ蒙韻ㅠ今俗音ㅠ	08b	弓	弓

弓

正音	俗音	韻會	蒙韻	
ㅠ				5
ㅠ	ㅜ			9
ㅣ	ㅡ	ㅠ	ㅠ	1
ㆌ	ㅠ, ㅣ		ㅠ	1

上聲

拱

音	字	四聲通解 韻會音	韻會		
			韻	禮部	字母韻
01匣ㆅㅜㆁ	汞	ㆅㅜㆁ	23	魚ㆁ拱	角次濁次音(ㆁ) 拱
18喩ㅇㅣㆁ	穎	ㅇㅠㆁ	23	喩ㆁ拱	潁: 羽次濁音ㆁ拱

洪武正韻譯訓				四聲通解	韻會		
		俗音	韻			禮部	韻會
ㆅ	兇ㅠ		1		02	-	拱
ㅇ	勇ㅠ		1		02	甬:拱	拱
ㅋ	恐ㅠ	ㅜ	1	俗音ㅜ	02	拱	拱
ㅈ	慫ㅠ	ㅜ	1	俗音ㅜ	02	竦:拱	拱
ㅅ	竦ㅠ	ㅜ	1	俗音ㅜ	02	拱	拱
ㅉ	重ㅠ	ㅜ	1	俗音ㅜ	02	拱	拱

洪武正韻譯訓				四聲通解	韻會		
		俗音	韻			禮部	韻會
ㄱ	拱ㅜ		1	蒙韻ㅜ	02	拱	拱

洪武正韻譯訓				四聲通解	韻會		
		俗音	韻			禮部	韻會
ㅇ	潁ㅣ		18	韻會蒙韻ㅠ	23	拱	拱
ㄱ	憬ㅣ		18	蒙韻集成雅音ㅠ 韻會亦屬拱子母韻	23	拱	拱
ㄱ	耿ㅣ		18	今俗音ㅜ韻會亦屬拱子母韻	23	剄	憬:拱

洪武正韻譯訓				四聲通解	韻會		
		俗音	韻			禮部	韻會
ㅇ	永ㆌ	ㅠ	18	蒙韻ㅠ	23	拱	拱

拱

正音	俗音	韻會	蒙韻	
ㅠ				2
ㅜ			ㅜ	1
ㅠ	ㅜ			4
ㆌ			ㅠ	1
ㅣ		ㅠ	ㅠ	1
ㅣ		拱子母韻	ㅠ	1
ㅣ		拱子母韻		1

去聲

洪武正韻譯訓				四聲通解	韻會		
		俗音	韻			禮部	韻會
ㆆ	雍ㅠ		1		02	供	供
ㅎ	敻ㅠ		1		02	供	供
ㅇ	用ㅠ		1		02	供	供

ㄱ	供ㅠ	ㅜ	1	俗音ㅜ	02	供	供
ㅋ	恐ㅠ	ㅜ	1	俗音ㅜ	02	供	供
ㄲ	共ㅠ	ㅜ	1	俗音ㅜ	02	供	供
ᅎ	縱ㅠ	ㅜ	1	俗音ㅜ	02	供	供
ᅏ	從ㅠ	ㅜ	1	俗音ㅜ	02	供	供
ᄽ	頌ㅠ	ㅜ	1	俗音ㅜ	02	供	供
ᅕ	惷ㅠ	ㅜ	1	俗音ㅜ	02	供	供
ᅑ	仲ㅠ	ㅜ	1	俗音ㅜ	01	供	供

洪武正韻譯訓				四聲通解	韻會		
		俗音	韻			禮部	韻會
ㆆ	夐ㆌ		18	蒙韻ㅠ	24	供	供
ㅇ	詠ㆌ	ㅠ	18	蒙韻ㅠ	24	供	供

供

正音	俗音	韻會	蒙韻	
ㅠ				3
ㅠ	ㅜ			8
ㆌ			ㅠ	2

결과 "ㅠ"

중성자 "ㅠ"는 平聲(弓 字母韻)에서 四聲通解의 韻會音이 확인되었다.

上聲(拱 字母韻)에서는 四聲通解의 韻會音에서 중성자 "ㅠ"와 "ㅜ"가 나타나지만 임의 추출 표본조사에서는 중성자 "ㅠ"가 확인되었다.

3	岡	吭	鋼	“a”	“a”[a]

平聲

洪武正韻譯訓				四聲通解	韻會		
		俗音	韻			禮部	韻會
ㄱ	岡ㅏ		17		07b	岡	岡
ㅋ	康ㅏ		17		07b	岡	岡
ㆁ	卬ㅏ		17		07b	岡	岡
ㄷ	當ㅏ		17		07b	岡	岡
ㅌ	湯ㅏ		17		07b	岡	岡
ㄸ	唐ㅏ		17		07b	岡	岡
ㄴ	囊ㅏ		17		07b	岡	岡
ㅂ	邦ㅏ		17		03a	岡	岡
ㅍ	滂ㅏ		17		07b	岡	岡
ㅃ	旁ㅏ		17		07b	岡	岡
ㅁ	茫ㅏ		17		07b	岡	岡
ㅸ	芳ㅏ		17		07b	岡	岡
ㅹ	房ㅏ		17		07b	岡	岡
ㅱ	亡ㅏ		17		07b	岡	岡
ᅎ	臧ㅏ		17		07b	岡	岡
ᅔ	倉ㅏ		17		07b	岡	岡
ᅏ	藏ㅏ		17		07b	岡	岡
ᄼ	桑ㅏ		17		07b	岡	岡
ㆅ	杭ㅏ		17		07b	沆:岡	岡
ㄹ	郎ㅏ		17		07b	岡	岡

洪武正韻譯訓				四聲通解	韻會		
		俗音	韻			禮部	韻會
ㄴ	娘ㅑ		17		07b	岡	岡
ᅐ	章ㅑ		17		07b	-:岡	岡
ᅑ	長ㅑ		17		07b	岡	岡
ᅑ	常ㅑ		17	蒙韻ㅑ	07b	岡	岡
ᄾ	商ㅑ		17		07b	岡	岡
ㅇ	陽ㅑ		17		07b	岡	岡
ㅿ	穰ㅑ		17		07b	岡	岡

岡

正音	俗音	韻會	蒙韻	
ㅏ				20
ㅑ				7

上聲

洪武正韻譯訓				四聲通解	韻會		
		俗音	韻			禮部	韻會
ㅋ	忼ㅏ		17		22	吭	吭
ㄷ	黨ㅏ		17		22	吭	吭
ㅌ	儻ㅏ		17		22	吭	吭
ㄸ	蕩ㅏ		17		22	吭	吭
ㄴ	灢ㅏ		17		22	曩:吭	吭
ㅃ	棒ㅏ		17		03	吭	吭
ㅁ	莽ㅏ		17		22	吭	吭
ㅸ	髣ㅏ		17		22	吭	吭
ㅱ	罔ㅏ		17		22	吭	吭
ᅎ	駔ㅏ		17		22	吭	吭
ᅔ	蒼ㅏ		17		22	吭	吭
ᅏ	奘ㅏ		17		22	吭	吭
ᄼ	顙ㅏ		17		22	吭	吭
ㆆ	坱ㅏ		17		22	吭	吭
ㆅ	沆ㅏ		17		22	吭	吭
ㄹ	朗ㅏ		17		22	吭	吭

洪武正韻譯訓				四聲通解	韻會		
		俗音	韻			禮部	韻會
ㅈ	掌ㅑ		17		22	晀	晀
ㅈ	長ㅑ		17		22	晀	晀
ㅊ	敞ㅑ		17		22	晀	晀
ㅉ	丈ㅑ		17		22	晀	晀
ㅅ	賞ㅑ		17		22	晀	晀
ㅆ	上ㅑ		17		22	晀	晀
ㅇ	養ㅑ		17		22	晀	晀
ㅿ	壤ㅑ		17		22	晀	晀

晀

正音	俗音	韻會	蒙韻	
ㅏ				16
ㅑ				8

去聲

鋼

音	字	四聲通解 韻會音	韻會		
			韻	禮部	字母韻
17疑ㆁㅏㆁ	釀	ㄴㅑㆁ	23	娘ㄴ鋼	次商濁音ㅉ鋼
17非ㅸㅏㆁ	防	ㅹㅏㆁ	23	奉ㅹ鋼	次商濁音ㅉ鋼

古今韻會擧要의 聲母 표기는 가끔 잘못 되어 있다. 예를 들어 防의 경우 次商濁音 대신 次宮濁音라는 聲母 표기가 있어야 한다.

洪武正韻譯訓				四聲通解	韻會		
		俗音	韻			禮部	韻會
ㅋ	亢ㅏ		17		23	鋼	鋼
ㆁ	枊ㅏ		17		23	鋼	鋼
ㄷ	當ㅏ		17		23	讜:鋼	鋼

ㅌ	儻ㅏ		17		23	-:鋼	鋼
ㄸ	宕ㅏ		17		23	鋼	鋼
ㅂ	謗ㅏ		17		23	鋼	鋼
ㅍ	滂ㅏ		17		23	鋼	鋼
ㅃ	傍ㅏ		17		23	鋼	鋼
ㅸ	訪ㅏ		17		23	鋼	鋼
ㅱ	妄ㅏ		17		23	鋼	鋼
ᅎ	葬ㅏ		17		23	鋼	鋼
ᅏ	藏ㅏ		17		23	鋼	鋼
ᄼ	喪ㅏ		17		23	鋼	鋼
ㆆ	盎ㅏ		17		23	鋼	鋼
ㆅ	吭ㅏ		17		23	鋼	鋼
ㄹ	浪ㅏ		17		23	鋼	鋼

洪武正韻譯訓				四聲通解	韻會		
		俗音	韻			禮部	韻會
ᅐ	障ㅑ		17		23	-:鋼	鋼
ᅔ	唱ㅑ		17		23	鋼	鋼
ᅑ	仗ㅑ		17		23	鋼	鋼
ᄾ	餉ㅑ		17		23	鋼	鋼
ᄿ	尙ㅑ		17		23	鋼	鋼
ㅇ	瀼ㅑ		17		23	鋼	鋼
ㅿ	讓ㅑ		17		23	鋼	鋼

鋼

正音	俗音	韻會	蒙韻	
ㅏ				16
ㅑ				7

결과 "ㅏ"

去聲 (鋼 字母韻)에서는 四聲通解의 韻會音에서 중성자 "ㅏ"와 "ㅑ"가 확인되었다.

그러나 임의 추출 표본조사에서 중성자 "ㅑ"는 많이 나타나지 않았지만 다수의 "ㅏ"가 확인되었다.

4	江	講	絳	“ia”	“ia”

平聲

江

音	字	四聲通解 韻會音	韻會		
			韻	禮部	字母韻
17見ㄱㅑㅇ	缸	ㆅㅑㅇ	03a降	匣ㆅ江	羽濁音ㆅ江

洪武正韻譯訓				四聲通解	韻會		
		俗音	韻			禮部	韻會
ㄱ	薑ㅑ		17		07b	江	江
ㅋ	羌ㅑ		17		07b	江	江
ㄲ	彊ㅑ		17		07b	江	江
ㅈ	將ㅑ		17		07b	江	江
ㅊ	鏘ㅑ		17		07b	瑲:江	江
ㅉ	牆ㅑ		17		07b	江	江
ㅅ	襄ㅑ		17		07b	江	江
ㅆ	詳ㅑ		17		07b	江	江
ㆆ	央ㅑ		17		07b	江	江
ㅎ	香ㅑ		17		07b	江	江
ㅎ	舡ㅑ		17		03a	江	江
ㆅ	降ㅑ		17		03a	江	江
ㄹ	良ㅑ		17		07b	江	江

正音	俗音	韻會	蒙韻	
ㅑ				13

上聲

講

音	字	四聲通解 韻會音	韻會		
			韻	禮部	字母韻
17疑ㆁㅏㆁ	仰	ㆁㅑㆁ	22	疑ㆁ講	角次濁音ㆁ講

洪武正韻譯訓				四聲通解	韻會		
		俗音	韻			禮部	韻會
ㄱ	襁ㅑ		17		22	繈:講	講
ㄱ	講ㅑ		17		03	講	講
ㅈ	奬ㅑ		17		22	講	講
ㅅ	想ㅑ		17		22	講	講
ㅆ	象ㅑ		17		22	講	講
ㆆ	鞅ㅑ		17		22	講	講
ㅎ	響ㅑ		17		22	講	講
ㆅ	項ㅑ		17		03	講	講
ㄹ	兩ㅑ		17		22	講	講
ㅊ	搶ㅑ		17	蒙韻今俗音ㅏ	22	講	講

洪武正韻譯訓				四聲通解	韻會		
		俗音	韻			禮部	韻會
ㅇ	仰ㅏ	ㅑ	17	韻會蒙韻俗音ㅏ	22	講	講

洪武正韻譯訓				四聲通解	韻會		
		俗音	韻			禮部	韻會
ㅎ	慌ㅘ		2	蒙音 [ㅛㅑ]	22	講	講

[ㅎㅛㅑㅇ]은 검은 바탕에 하얀 글씨로 기입되어 있다.

講

正音	俗音	韻會	蒙韻	
ㅑ				9
ㅏ	ㅑ	ㅑ	ㅑ	1
ㅑ			ㅏ	1
ㅘ			ㆇ	1

去聲

絳

音	字	四聲通解 韻會音	韻會		
			韻	禮部	字母韻
17疑ㆁㅏㆁ	仰	ㆁㅑㆁ	23	疑ㆁ絳	角次濁音ㆁ絳

洪武正韻譯訓				四聲通解	韻會		
		俗音	韻			禮部	韻會
ㄱ	絳ㅑ		17		03	絳	絳
ㄲ	强ㅑ		17		23	絳	絳
ㅈ	將ㅑ		17		23	絳	絳
ㅉ	匠ㅑ		17		23	絳	絳
ㅅ	相ㅑ		17		23	絳	絳
ㆆ	怏ㅑ		17		23	絳	絳
ㅎ	向ㅑ		17		23	絳	絳
ㆅ	巷ㅑ		17		03	絳	絳
ㄹ	諒ㅑ		17		23	絳	絳

洪武正韻譯訓				四聲通解	韻會		
		俗音	韻			禮部	韻會
ㆁ	仰ㅑ		17	韻會蒙韻ㅑ	23	絳	絳

洪武正韻譯訓				四聲通解	韻會		
		俗音	韻			禮部	韻會
ㅎ	況나	ㆇ	17	韻會音向蒙韻俗音ㆇ	23	況	絳

絳

正音	俗音	韻會	蒙韻	
ㅑ				9
ㅏ		ㅑ	ㅑ	1
ㅘ		向 (ㅑ)	ㆇ	1

결과 "ㅑ"

중성자 "ㅑ"는 모든 聲調에서 四聲通解의 韻會音이 확인되었다. 이 밖에 임의 추출 표본조사에서도 중성자 "ㅑ"는 확인되었다.

5	光	廣	誑	“ua”	“ua”[ua]

平聲

洪武正韻譯訓				四聲通解	韻會		
		俗音	韻			禮部	韻會
ㄱ	光놔		17		07b	光	光
ㅋ	匡놔		17		07b	光	光
ㄲ	狂놔		17		07b	光	光
ㆆ	汪놔		17		07b	光	光
ㅎ	荒놔		17		07b	光	光
ㅇ	王놔		17		07b	光	光

光

正音	俗音	韻會	蒙韻	
놔				6

上聲

廣

音	字	四聲通解 韻會音	韻會		
			韻	禮部	字母韻
17匣ㆅ놔ㅇ	慌	ㅎ놔ㅇ	22	曉ㅎ廣	羽次淸音ㅎ廣

洪武正韻譯訓				四聲通解	韻會		
		俗音	韻			禮部	韻會
ㄱ	廣놔		17		22	廣	廣
ㅋ	廣놔		17		22	廣	廣
ㄲ	迋놔		17		22	廣	廣
ㆆ	枉놔		17		22	廣	廣
ㅇ	往놔		17		22	廣	廣

廣

正音	俗音	韻會	蒙韻	
놔				5

去聲

洪武正韻譯訓				四聲通解	韻會		
		俗音	韻			禮部	韻會
ㄱ	誑놔		17		23	誑	誑
ㄱ	廣놔		17		23	誑	誑
ㅋ	曠놔		17		23	誑	誑
ㅇ	王놔		17		23	誑	誑

洪武正韻譯訓				四聲通解	韻會		
		俗音	韻			禮部	韻會
ㅈ	撞ㅏ	놔	17	俗音놔蒙韻놔	03	誑	誑
ㅉ	漴ㅏ	놔	17	俗音놔	03	誑	誑

誑

正音	俗音	韻會	蒙韻	
ㅏ	놔			1
ㅏ	놔		놔	1
놔				4

결과 "놔"

중성자 "놔"는 上聲 (廣 字母韻)에서 四聲通解의 韻會音이 확인되었다. 이 밖에 임의 추출 표본조사에서도 중성자 "놔"는 확인되었다.

6	黃	晃		"ua"	"ua"[o]

平聲

洪武正韻譯訓				四聲通解	韻會		
		俗音	韻			禮部	韻會
ㆅ	黃ㆇ		17		07b	黃	黃

黃 字母韻은 平下七韻에서만 나온다(禮部韻略七音三十六母通攷와 古今韻會擧要의 본문에서도 마찬가지). 이 두 경우에서 黃은 단 하나의 小韻이다.

黃

正音	俗音	韻會	蒙韻	
ㆇ				1

上聲

洪武正韻譯訓				四聲通解	韻會		
		俗音	韻			禮部	韻會
ㆅ	晃ㆇ		17		22	晃	晃

晃 字母韻은 단지 上聲二十二韻에서만 나온다 (禮部韻略七音三十六母通攷와 古今韻會擧要의 본문에서도 마찬가지). 이 두 경우에서 晃은 단 하나의 小韻이다.

晃

正音	俗音	韻會	蒙韻	
ㆇ				1

결과 "ㅘ"

黃과 晃 字母韻을 가지고 있는 유일한 두 小韻은 四聲通解에서 중성자 "ㅘ"를 가지고 있다.

7	莊	𤯷	壯	“o”	“ua”[ha]

平聲

洪武正韻譯訓				四聲通解	韻會		
		俗音	韻			禮部	韻會
ㅈ	莊ㅏ	놔	17	俗音놔	07b	莊	莊
ㅊ	瘡ㅏ	놔	17	俗音놔	07b	創:莊	莊
ㅉ	牀ㅏ	놔	17	俗音놔	07b	莊	莊
ㅅ	霜ㅏ	놔	17	俗音놔	07b	莊	莊

莊

正音	俗音	韻會	蒙韻	
ㅏ	놔			4

上聲

洪武正韻譯訓				四聲通解	韻會		
		俗音	韻			禮部	韻會
ㅅ	爽ㅏ	놔	17	俗音놔	22	𤯷	𤯷

洪武正韻譯訓				四聲通解	韻會		
		俗音	韻			禮部	韻會
ㅊ	𤯷ㅑ		17		22	𤯷	𤯷

𤯷

正音	俗音	韻會	蒙韻	
ㅏ	놔			1
ㅑ				1

去聲

洪武正韻譯訓				四聲通解	韻會		
		俗音	韻			禮部	韻會
ㅈ	壯ㅏ	ᅷ	17	俗音ᅷ	23	壯	壯
ㅉ	狀ㅏ		17	俗音ᅷ	23	壯	壯
ㅊ	創ㅏ	ᅷ	17		23	壯	壯

壯

正音	俗音	韻會	蒙韻	
ㅏ	ᅷ			2
ㅏ				1

결과 "ㅏ"

임의추출 표본조사를 통해 중성자 "ㅏ"로 확정했을 것이라 예측할 수 있다.

8	揯	肯	亘	"ə"	"ə"[ə]

平聲

揯

音	字	四聲通解 韻會音	韻會		
			韻	禮部	字母韻
18並ㅃㅓㅇ	朋	ㅃㅡㅇ	10b	並ㅃ揯	宮濁音ㅃ揯

四聲通解에 따르면 朋은 韻會音에 "ㅃㅡㅇ"과 "ㅃㅜㅇ", 두 音을 가진다.

揯

洪武正韻譯訓				四聲通解	韻會		
		俗音	韻			禮部	韻會
ㄱ	揯ㅓ	ㅡ,ㅣ	18	俗音ㅡ,ㅣ蒙韻ㅡ	10b	揯	揯
ㄷ	登ㅓ	ㅡ,ㅣ	18	俗音蒙韻ㅡ	10b	揯	揯
ㄸ	騰ㅓ	ㅡ,ㅣ	18	俗音蒙韻ㅡ	10b	揯	揯
ㄴ	能ㅓ	ㅡ,ㅣ	18	俗音蒙韻ㅡ	10b	揯	揯
ㅂ	絣ㅓ	ㅡ,ㅣ	18	俗音ㅡ蒙韻ㅡ	08b	繃:揯	揯
ㅍ	烹ㅓ	ㅡ,ㅣ	18	蒙韻俗音ㅡ	08b	揯	揯
ㅃ	彭ㅓ	ㅡ,ㅣ	18	蒙韻俗音ㅡ	08b	揯	揯
ㅈ	增ㅓ	ㅡ,ㅣ	18	俗音蒙韻ㅡ	10b	揯	揯
ㅉ	層ㅓ	ㅡ,ㅣ	18	俗音蒙韻ㅡ	10b	揯	揯
ㅅ	僧ㅓ	ㅡ,ㅣ	18	俗音蒙韻ㅡ	10b	揯	揯
ㅈ	爭ㅓ	ㅡ,ㅣ	18	俗音蒙韻ㅡ	08b	揯	揯
ㅊ	崢ㅓ	ㅡ,ㅣ	18	俗音蒙韻ㅡ	08b	揯	揯
ㅉ	棖ㅓ	ㅡ,ㅣ	18	俗音蒙韻ㅡ	08b	揯	揯
ㅉ	傖ㅓ	ㅡ,ㅣ	18	俗音蒙韻ㅡ	08b	揯	揯
ㅅ	生ㅓ	ㅡ,ㅣ	18	俗音蒙韻ㅡ	08b	揯	揯
ㄹ	棱ㅓ	ㅡ	18	蒙韻ㅡ	10b	揯	揯

絙

正音	俗音	韻會	蒙韻	
ㅢ	ㅡ,ㅣ		ㅡ	1
ㅢ	ㅡ		ㅡ	14
ㅢ			ㅡ	1

上聲

洪武正韻譯訓				四聲通解	韻會		
		俗音	韻			禮部	韻會
ㅋ	肯ㅢ	ㅡ	18	俗音ㅡ蒙韻ㅡ	25	肯	肯
ㄷ	等ㅢ	ㅡ	18	俗音蒙韻ㅡ	25	肯	肯
ㅅ	省ㅢ	ㅡ	18	俗音蒙韻ㅡ	23	肯	肯

肯

正音	俗音	韻會	蒙韻	
ㅢ	ㅡ		ㅡ	3

去聲

洪武正韻譯訓				四聲通解	韻會		
		俗音	韻			禮部	韻會
ㅉ	鋥ㅣ		18	蒙韻ㅡ	24	亘	亘

洪武正韻譯訓				四聲通解	韻會		
		俗音	韻			禮部	韻會
ㄷ	嶝ㅢ	ㅡ	2	俗音蒙韻ㅡ	25	隥:亘	隥:亘
ㄸ	鄧ㅢ	ㅡ	2	俗音蒙韻ㅡ	25	亘	亘
ㅂ	榜ㅢ	ㅡ	2	俗音蒙韻ㅡ	24	亘	亘
ㅉ	贈ㅢ	ㅡ	2	俗音蒙韻ㅡ	25	亘	亘
ㅈ	諍ㅢ	ㅡ	2	俗音蒙韻ㅡ	24	亘	亘
ㄱ	亘ㅢ	ㅡ,ㅣ	2	俗音ㅡ,ㅣ蒙韻ㅡ今俗音ㅡ	25	亘	亘

亘

正音	俗音	韻會	蒙韻	
ᅴ	ㅡ		ㅡ	5
ㅣ			ㅡ	1
ᅴ	ㅡ, ㅣ		ㅡ	1

결과 "ㅡ"

중성자 "ㅡ"는 平聲(揯 字母韻)에서 四聲通解의 韻會音이 확인되었다. 이 밖에 임의 추출 표본조사에서도 중성자 "ㅡ"는 확인되었다.

9	京	景	敬	"i"	"iə"[iə]

平聲

京

音	字	四聲通解 韻會音	韻會		
			韻	禮部	字母韻
18從ㅉㅓㅇ	繒	ㅉㅣㅇ	10b	從ㅉ京	商濁音ㅉ京

洪武正韻譯訓				四聲通解	韻會		
		俗音	韻			禮部	韻會
ㄱ	京ㅣ		18		08b	京	京
ㅋ	卿ㅣ		18		08b	京	京
ㄲ	勍ㅣ		18		08b	擎:京	京
ㆁ	凝ㅣ		18		10b	京	京
ㅌ	聽ㅣ		18		09b	京	京
ㄸ	庭ㅣ		18		09b	京	京
ㄴ	寧ㅣ		18		09b	寍:京	京
ㅂ	兵ㅣ		18		08b	京	京
ㅃ	平ㅣ		18		08b	京	京
ㅁ	明ㅣ		18		08b	京	京
ᅎ	精ㅣ		18		08b	京	京
ᅔ	淸ㅣ		18		08b	京	京
ᅏ	情ㅣ		18		08b	京	京
ᄼ	星ㅣ		18		09b	京	京
ᄽ	餳ㅣ		18		08b	京	京
ᅐ	征ㅣ		18		08b	京	京
ᅕ	檉ㅣ		18		08b	京	京
ᅑ	成ㅣ		18		08b	京	京
ᄾ	聲ㅣ		18		08b	京	京

ㅆ	繩ㅣ		18		10b	京	京
ㆆ	英ㅣ		18		08b	京	京
ㅇ	盈ㅣ		18		08b	京	京
ㄹ	令ㅣ		18		08b	京	京
ㅿ	仍ㅣ		18		10b	京	京
ㅍ	娉ㅣ		18		09b	姘:京	京

洪武正韻譯訓				四聲通解	韻會		
		俗音	韻			禮部	韻會
ㅉ	繒ㅢ	ㅡ	18	俗音一韻會蒙韻ㅣ	10b	京	京

京

正音	俗音	韻會	蒙韻	
ㅣ				25
ㅢ	ㅡ	ㅣ	ㅣ	1

上聲

景

音	字	四聲通解 韻會音	韻會		
			韻	禮部	字母韻
18定ㄸㅣㅇ	挺	ㅌㅣㅇ	24珽	透ㅌ景	徵次濁音ㅌ景
18定ㄸㅣㅇ	挺	ㄸㅣㅇ	24	定ㄸ景	徵濁音ㄸ景
18定ㄸㅣㅇ	珽	ㅌㅣㅇ	24	透ㅌ景	徵次濁音ㅌ景
18影ㆆㅣㅇ	梬	ㅇㅣㅇ	23郢	喩ㅇ景	羽次濁音ㅇ景
18喩ㅇㅣㅇ	癭	ㆆㅣㅇ	23	乡ㆆ景	羽次淸次音ㆆ景

四聲通解에 따르면 挺은 韻會音에 "ㅌㅣㅇ"과 "ㄸㅣㅇ", 두 音을 가진다.

洪武正韻譯訓				四聲通解	韻會		
		俗音	韻			禮部	韻會
ㄱ	景ㅣ		18		23	景	景
ㄷ	頂ㅣ		18		24	景	景
ㄸ	挺ㅣ		18		24	景	景
ㅂ	丙ㅣ		18		23	景	景
ㅃ	竝ㅣ		18		24	景	景
ㅁ	皿ㅣ		18		23	景	景
ㅁ	茗ㅣ		18		24	景	景
ㅁ	黽ㅣ		18	集成音猛	23	景	景
ᅎ	井ㅣ		18		23	景	景
ᅔ	請ㅣ		18		23	景	景
ᅏ	靜ㅣ		18		23	景	景
ᅐ	拯ㅣ		18		25	景	景
ᅕ	逞ㅣ		18		23	景	景
ㆆ	影ㅣ		18		23	景	景
ㄹ	領ㅣ		18		23	景	景
ᄉ	省ㅣ	ㅡ	18	俗音ㅡ	23	景	景

洪武正韻譯訓				四聲通解	韻會		
		俗音	韻			禮部	韻會
ㅃ	廱ㅟ		3		23	杏	丙:景

景

正音	俗音	韻會	蒙韻	
ㅣ				15
ㅣ	ㅡ			1
ㅟ				1

去聲

敬

音	字	四聲通解 韻會音	韻會		
			韻	禮部	字母韻
08喩ㅇㅣㄴ	孕	收敬ㅇㅣㆁ	25	喩ㅇ敬	羽次淸音ㆆ敬
18疑ㆁㅣㆁ	鞕(硬)	ㆁㅣㆁ	24	-	羽次濁音ㅇ敬
18禪ᄿㅣㆁ	媵	又音ㅇㅣㆁ	25孕	喩ㅇ敬	羽次淸音ㆆ敬
18精ᅎㅓㆁ	甑	ᅎㅣㆁ	25	精ᅎ敬	商淸音ᅎ敬

洪武正韻譯訓				四聲通解	韻會		
		俗音	韻			禮部	韻會
ㄱ	敬ㅣ		18		24	敬	敬
ㅋ	慶ㅣ		18		24	敬	敬
ㄲ	競ㅣ		18		24	敬	敬
ㆁ	迎ㅣ		18		24	敬	敬
ㄷ	釘ㅣ		18		25	矴:敬	敬
ㅌ	聽ㅣ		18		25	敬	敬
ㄸ	定ㅣ		18		25	敬	敬
ㄴ	甯ㅣ		18		25	敬	敬
ㅂ	柄ㅣ		18		24	敬	敬
ㅍ	聘ㅣ		18		24	敬	敬
ㅃ	病ㅣ		18		24	敬	敬
ㅁ	命ㅣ		18		24	敬	敬
ᅔ	倩ㅣ		18		24	婧:敬	敬
ᅏ	淨ㅣ		18		24	敬	敬
ᄼ	性ㅣ		18		24	敬	敬
ᅐ	正ㅣ		18		24	敬	敬
ᅕ	稱ㅣ		18		25	敬	敬
ᅑ	鄭ㅣ		18		24	敬	敬
ᄾ	聖ㅣ		18		24	敬	敬
ᄿ	盛ㅣ		18		24	敬	敬

ㆆ	應ㅣ		18		25	敬	敬
ㆆ	映ㅣ		18		24	敬	敬
ㅇ	孕ㅣ		18		25	敬	敬
ㄹ	令ㅣ		18		24	敬	敬
ㆁ	硬ㅣ		18		24	-	敬

洪武正韻譯訓				四聲通解	韻會		
		俗音	韻			禮部	韻會
ㅈ	甑ㅢ	ㅡ	18	俗音ㅡ韻會蒙韻ㅣ	25	敬	敬
ㅅ	生ㅢ	ㅡ	18	俗音蒙韻ㅡ	24	聖:敬	敬

敬

正音	俗音	韻會	蒙韻	
ㅣ				25
ㅢ	ㅡ	ㅣ	ㅣ	1
ㅢ	ㅡ		ㅡ	1

결과 "ㅣ"

중성자 "ㅣ"는 모든 聲調에서 四聲通解의 韻會音이 확인되었다. 이 밖에 임의 추출 표본조사에서도 중성자 "ㅣ"는 확인되었다.

10	經	剄	勁	“iə”	“iə”[eiə]

平聲

洪武正韻譯訓				四聲通解	韻會		
		俗音	韻			禮部	韻會
ㄱ	經ㅣ		18	蒙韻ㅖ	09b	經	經
ㅎ	馨ㅣ		18	蒙韻ㅖ	09b	經	經
ㅎ	興ㅣ		18	蒙韻ㅖ	10b	經	經

洪武正韻譯訓				四聲通解	韻會		
		俗音	韻			禮部	韻會
ㅎ	亨ㅢ	ㅣ	18	俗音ㅣ今俗音ㅡ蒙韻ㅖ	08b	經	經
ㄱ	庚ㅢ	ㅡ,ㅣ	18	俗音ㅡ,ㅣ蒙韻ㅖ	08b	經	經
ㅋ	阬ㅢ	ㅡ,ㅣ	18	俗音ㅡ蒙韻ㆌ	08b	經	經

經

正音	俗音	韻會	蒙韻	
ㅣ			ㅖ	3
ㅢ	ㅡ,ㅣ		ㅖ	1
ㅢ	ㅣ		ㅖ	1
ㅢ	ㅡ		ㆌ	1

上聲

洪武正韻譯訓				四聲通解	韻會		
		俗音	韻			禮部	韻會
ㅋ	謦ㅣ		18	蒙韻ㅖ	24	剄	剄

洪武正韻譯訓				四聲通解	韻會		
		俗音	韻			禮部	韻會
ㄱ	梗ㅢ	ㅡ, ㅣ	18	俗音ㅡ, ㅣ 蒙韻ㅖ	23	剄	剄

剄

正音	俗音	韻會	蒙韻	
ㅣ			ㅖ	1
ㅢ	ㅡ, ㅣ		ㅖ	1

去聲

洪武正韻譯訓				四聲通解	韻會		
		俗音	韻			禮部	韻會
ㅎ	興ㅣ		18		25	勁	勁
ㄱ	勁ㅣ		18	蒙韻ㅖ	24	勁	勁
ㄱ	徑ㅣ		18	蒙韻ㅖ	25	勁	勁

洪武正韻譯訓				四聲通解	韻會		
		俗音	韻			禮部	韻會
ㄱ	更ㅢ	ㅡ, ㅣ	18	俗音ㅡ, ㅣ 蒙韻ㅖ 今俗音ㅜ	25	勁	勁

勁

正音	俗音	韻會	蒙韻	
ㅣ				1
ㅣ			ㅖ	2
ㅢ	ㅡ, ㅣ		ㅖ	1

결과 "ㅖ"

중성자 "ㅖ"는 모든 聲調에서 四聲通解의 蒙韻音이 확인되었다. 본고는 韻會音의 중성자와 蒙韻音의 중성자가 동일할 것이라고 추측한다.

11	行	杏	行	“ㅣ”	“iə”[eiə]

平聲

洪武正韻譯訓				四聲通解	韻會		
		俗音	韻			禮部	韻會
ㆅ	行ㅣ		18	蒙韻ㅖ	08b	行	行

行

正音	俗音	韻會	蒙韻	
ㅣ			ㅖ	1

上聲

洪武正韻譯訓				四聲通解	韻會		
		俗音	韻			禮部	韻會
ㆅ	悻ㅣ		18	蒙韻ㅖ	24	杏	杏
ㆅ	幸ㅣ		18	蒙韻ㅖ	23	杏:杏	杏
ㆅ	杏ㅣ		18	蒙韻ㅖ	23	杏	杏

杏

正音	俗音	韻會	蒙韻	
ㅣ			ㅖ	3

去聲

洪武正韻譯訓				四聲通解	韻會		
		俗音	韻			禮部	韻會
ㆅ	脛ㅣ		18	蒙韻ㅖ	25	行	行
ㆅ	行ㅣ		18	蒙韻ㅖ	24	行	行

行

正音	俗音	韻會	蒙韻	
ㅣ			ㅖ	2

결과 "ㅖ"

중성자 "ㅖ"는 모든 聲調에서 四聲通解의 蒙韻音이 확인되었다. 본고는 韻會音의 중성자와 蒙韻音의 중성자가 동일할 것이라고 추측한다.

12	雄	㯗		“yə”	“ėu”[eu]

平聲

雄

音	字	四聲通解 韻會音	韻會		
			韻	禮部	字母韻
18見ㄱㆌㆁ	扃	ㄱㅠㆁ	09b	見ㄱ雄	角淸音ㄱ雄
18溪ㅋㆌㆁ	傾	ㅋㅠㆁ	08b	溪ㅋ雄	角次淸音ㅋ雄
18喩ㅇㆌㆁ	熒	ㆅㅠㆁ	09b	匣ㆅ雄	羽濁音ㆅ雄

洪武正韻譯訓				四聲通解	韻會		
		俗音	韻			禮部	韻會
ㆅ	雄ㅠ		01		01a	弓	雄

洪武正韻譯訓				四聲通解	韻會		
		俗音	韻			禮部	韻會
ㄱ	扃ㆌ	ㅠ	18	俗音韻會ㅠ蒙韻ㆇ	09b	雄	雄
ㅋ	傾ㆌ	ㅣ	18	俗音ㅣ蒙韻ㆇ韻會ㅠ	08b	雄	雄
ㄲ	瓊ㆌ	ㅣ	18	俗音ㅣ蒙韻ㆇ今俗音ㅠ	08b	雄	雄

雄

正音	俗音	韻會	蒙韻	
ㅠ				1
ㆌ	ㅠ	ㅠ	ㆇ	1
ㆌ	ㅣ	ㅠ	ㆇ	1
ㆌ	ㅣ		ㆇ	1

上聲

洪武正韻譯訓				四聲通解	韻會		
		俗音	韻			禮部	韻會
ㅋ	頃ㆌ	ㅣ	18	俗音ㅣ	23	頃	頃
ㆆ	詗ㆌ		18	今俗音ㅠ蒙韻ㅠ	24	頃	頃
ㆅ	迥ㆌ		18	蒙韻ㅛ今俗音ㅠ	24	頃	頃

頃

正音	俗音	韻會	蒙韻	
ㆌ	ㅣ			1
ㆌ			ㅠ	1
ㆌ			ㅛ	1

결과 "ㅠ"

중성자 "ㅠ"는 平聲(雄 字母韻)에서 四聲通解의 韻會音이 확인되었다.

13	兄			"u(ə)"	"iuə"[uiə]

平聲

洪武正韻譯訓				四聲通解	韻會		
		俗音	韻			禮部	韻會
ㅎ	兄ㆌ		18	蒙韻ㆋ今俗音ㅠ	08b	兄	兄

兄

正音	俗音	韻會	蒙韻	
ㆌ			ㆋ	1

결과 "ㆋ"

중성자 "ㆋ"는 四聲通解의 蒙韻音이 확인되었다. 본고는 韻會音의 중성자와 蒙韻音의 중성자가 동일할 것이라고 추측한다.

14	泓			"[yə]"	"uə"[uu]

平聲

洪武正韻譯訓				四聲通解	韻會		
		俗音	韻			禮部	韻會
ㆆ	泓ᆔ		18	蒙韻ᆒ今俗音ᅮ	08b	弘	雄

泓

正音	俗音	韻會	蒙韻	
ᆔ			ᆒ	1

결과 "ᆒ"

중성자 "ᆒ"는 四聲通解의 蒙韻音이 확인되었다. 본고는 韻會音의 중성자와 蒙韻音의 중성자가 동일할 것이라고 추측한다.

7.2.3. 종성이 없는 字母韻 (平聲, 上聲, 去聲)

일련 번호	字母韻 (平聲)	字母韻 (上聲)	字母韻 (去聲)	竺家寧(1986)의 音	曺喜武(1996)의 音
1	貲	紫	恣	“ ï ”	“ ï ”
2	羈	己	寄	“ei”	“i”
3	雞	啓	計	“ i ”	“ i ”
4	嬀	軌	媿	“uei”	“ue”
5	麾	毀	諱	“uei”	“ue”
6	規	癸	季	“ui”	“ue”
7	惟	唯	恚	“ui”	“ue”
8	孤	古	顧	“u”	“u”
9	居	擧	據	“iu”	“iu”
10	該	改	蓋	“ai”	“ai”
11	佳	解	懈	“iai”	“iai”
12	乖	掛	怪,卦	“uai”	“uai”
13	歌	哿	箇	“o”	“o”
14	戈	果	過	“uo”	“uo”
15	牙	雅	訝	“a”	“a”
16	嘉	賈	駕	“ia”	“ia”
17	迦	灺	藉	“ia”	“ɛ”
18	嗟	且	借	“ie”	“ɛ”
19	瓜	寡	跨	“ua”	“ua”
20	瘸			“ye”	“uɛ”

1	貲	紫	恣	“ï”	“ï”[ï]

平聲

貲

音	字	四聲通解 韻會音	韻會		
			韻	禮部	字母韻
02精ᅎ一	赼	ᅔ一	04a 郪	淸ᅔ貲	商次淸音ᅔ貲
02審ᄾㅣ	釃	ᄾ一	04a	審ᄾ貲	次商次淸之次音ᄾ貲

洪武正韻譯訓				四聲通解	韻會		
		俗音	韻			禮部	韻會
ᅎ	貲一		02		04a	貲	貲
ᅔ	雌一		02		04a	貲	貲
ᅏ	疵一		02		04a	貲	貲
ᄼ	斯一		02		04a	貲	貲
ᄽ	詞一		02		04a	貲	貲
ᅔ	差一		02		04a	貲	貲

貲

正音	俗音	韻會	蒙韻	
一				6

上聲

紫

音	字	四聲通解 韻會音	韻會		
			韻	禮部	字母韻
02精ᅎ一	滓	ᅐ一	04	知ᅐ紫	次商淸音ᅐ紫
02審ᄾㅣ	史	ᄾ一	04	審ᄾ紫	次商次淸次音ᄾ紫
02禪ᄿㅣ	士	ᅑ一	04	澄ᅑ紫	次商濁音ᅑ紫
03心ᄼㅖ	徙	ᄼ一	04	心ᄼ紫	商次淸次音ᄼ紫
03心ᄼㅖ	躧	ᄼ一	04	審ᄾ紫	次商次淸次音ᄾ紫

洪武正韻譯訓				四聲通解	韻會		
		俗音	韻			禮部	韻會
ᅎ	子一		02		04	紫	紫
ᅔ	此一		02		04	紫	紫
ᄼ	死一		02		04	紫	紫
ᄽ	似一		02		04	紫	紫

洪武正韻譯訓				四聲通解	韻會		
		俗音	韻			禮部	韻會
ᄾ	史ㅣ		02	蒙韻韻會一	04	紫	紫

洪武正韻譯訓				四聲通解	韻會		
		俗音	韻			禮部	韻會
ᄼ	徙ㅖ		03	韻會蒙韻一	04	紫	紫

紫

正音	俗音	韻會	蒙韻	
一				4
ㅣ		一	一	1
ㅖ		一	一	1

去聲

恣

音	字	四聲通解 韻會音	韻會		
			韻	禮部	字母韻
02精ᅎ一	漬	ᅏ一	04	從ᅏ恣	商濁音ᅏ恣
02精ᅎ一	胾	ᅐ一	04	知ᅐ恣	次商清音ᅐ恣
02心ᄼ一	寺	ᄽ一	04	邪ᄽ恣	商次濁音ᄽ恣
02禪ᄿㅣ	事	ᅑ一	04	澄ᅑ恣	次商濁音ᅑ恣

洪武正韻譯訓				四聲通解	韻會		
		俗音	韻			禮部	韻會
ᅎ	恣一		02		04	恣	恣
ᅔ	次一		02		04	恣	恣
ᅏ	自一		02		04	恣	恣
ᄼ	四一		02		04	恣	恣
ᄼ	笥一		02		04	恣	恣
ᅕ	廁一		02		04	恣	恣

恣

正音	俗音	韻會	蒙韻	
一				6

결과 "一"

중성자 "一"는 모든 聲調에서 四聲通解의 韻會音이 확인되었다. 이 밖에 임의 추출 표본조사에서도 중성자 "一"는 확인되었다.

2	羈	ㄹ	寄	"ei"	" i "[i]

平聲

羈

音	字	四聲通解 韻會音	韻會		
			韻	禮部	字母韻
03見ㄱㅖ	羈	ㄱㅣ	04a	見ㄱ羈	角淸音ㄱ羈
03幫ㅂㅖ	篦	ㅂㅣ	08a	幫ㅂ羈	宮淸音ㅂ羈

洪武正韻譯訓				四聲通解	韻會		
		俗音	韻			禮部	韻會
ㄲ	奇ㅣ		02		04a	羈	羈
ㅍ	紕ㅣ		02		04a	羈	羈
ㅸ	霏ㅣ		02	今俗音ㅢ	05a	羈	羈
ㅹ	肥ㅣ		02	今俗音ㅢ	05a	羈	羈
ㅱ	微ㅣ		02	今俗音ㅢ	05a	羈	羈
ᅎ	知ㅣ		02		04a	羈	羈
ᅔ	摛ㅣ		02		04a	羈	羈
ᅏ	馳ㅣ		02		04a	羈	羈
ㆆ	伊ㅣ		02		04a	羈	羈
ㅎ	羲ㅣ		02		04a	犧:羈	羈
ㅇ	夷ㅣ		02		04a	羈	羈
ᅐ	支ㅣ	ㅡ	02	俗音ㅡ	04a	羈	羈
ᄾ	施ㅣ	ㅡ	02	俗音ㅡ	04a	羈	羈
ᄿ	時ㅣ	ㅡ	02	俗音ㅡ	04a	羈	羈
ㅿ	兒ㅣ	ㅡ	02	俗音ㅡ	04a	羈	羈

洪武正韻譯訓				四聲通解	韻會		
		俗音	韻			禮部	韻會
ㅂ	篦ㅖ		03	蒙韻韻會ㅣ	08a	羈	羈
ㄷ	氐ㅖ		03	蒙韻ㅣ	08a	羈	羈
ㅌ	梯ㅖ		03	蒙韻ㅣ	08a	羈	羈
ㄸ	題ㅖ		03	蒙韻ㅣ	08a	羈	羈
ㄴ	泥ㅖ		03	蒙韻ㅣ	08a	羈	羈
ㅁ	迷ㅖ		03	蒙韻ㅣ	08a	羈	羈
ㅈ	齎ㅖ		03	蒙韻ㅣ	08a	羈	羈
ㅊ	妻ㅖ		03	蒙韻ㅣ	08a	羈	羈
ㅉ	齊ㅖ		03	蒙韻ㅣ	08a	羈	羈
ㅅ	西ㅖ		03	蒙韻ㅣ	08a	羈	羈
ㅇ	倪ㅖ		03	蒙韻ㅣ	08a	羈	羈
ㄹ	離ㅖ		03	蒙韻ㅣ	04a	羈	羈

羈

正音	俗音	韻會	蒙韻	
ㅣ				11
ㅣ	ㅡ			4
ㅖ		ㅣ	ㅣ	1
ㅖ			ㅣ	11

上聲

己

音	字	四聲通解 韻會音	韻會		
			韻	禮部	字母韻
02滂ㅍㅣ	庀	ㅍㅣ	04	滂ㅍ己	宮次淸音ㅍ己
03見ㄱㅖ	己	ㄱㅣ	04	見ㄱ己	角淸音ㄱ己
03淸ㅊㅖ	批	ㅈㅣ	08 濟	精ㅈ己	商淸音ㅈ己

洪武正韻譯訓				四聲通解	韻會		
		俗音	韻			禮部	韻會
ㄲ	技ㅣ		02		04	己	己
ㅍ	庀ㅣ		02		04	己	己
ㅃ	陛ㅣ		02		08	己	己
ㅸ	斐ㅣ		02		05	己	己
ㅱ	尾ㅣ	ㅢ	02	今俗音ㅢ	05	己	己
ᅕ	侈ㅣ		02		04	己	己
ᅑ	豸ㅣ		02		04	己	己
ㆆ	倚ㅣ		02		04	己	己
ㅎ	喜ㅣ		02		04	己	己
ㅇ	以ㅣ		02		04	己	己
ᅐ	紙ㅣ	ㅡ	02	俗音ㅡ	04	己	己
ᅕ	齒ㅣ	ㅡ	02	俗音ㅡ	04	己	己
ᄾ	始ㅣ	ㅡ	02	俗音ㅡ	04	驰:己	己
ᄿ	市ㅣ	ㅡ	02	俗音ㅡ	04	是:己	己
ᄿ	視ㅣ	ㅡ	02	俗音ㅡ	04	己	己
ㅿ	耳ㅣ	ㅡ	02	俗音ㅡ	04	己	己

洪武正韻譯訓				四聲通解	韻會		
		俗音	韻			禮部	韻會
ㄱ	己ㅖ		03	韻會蒙韻ㅣ	04	己	己
ㅋ	起ㅖ		03	蒙韻ㅣ	04	己	己
ㄷ	邸ㅖ		03	蒙韻ㅣ	08	己	己
ㅌ	體ㅖ		03	蒙韻ㅣ	08	己	己
ㄸ	弟ㅖ		03	蒙韻ㅣ	08	己	己
ㅁ	米ㅖ		03	蒙韻ㅣ	08	己	己
ᅎ	濟ㅖ		03	蒙韻ㅣ	08	己	己
ᅔ	泚ㅖ		03	蒙韻ㅣ	08	己	己
ᅏ	薺ㅖ		03	蒙韻ㅣ	08	己	己
ㄹ	里ㅖ		03	蒙韻ㅣ	04	己	己

己

正音	俗音	韻會	蒙韻	
ㅣ				10
ㅣ	ㅡ			6
ㅖ		ㅣ	ㅣ	1
ㅖ			ㅣ	9

去聲

寄

音	字	四聲通解 韻會音	韻會		
			韻	禮部	字母韻
02穿ᅕㅡ	翅	ᄼㅣ	04	審ᄼ寄	次商次清次音ᄼ寄
02穿ᅕㅡ	熾	ᅕㅣ	04	徹ᅕ寄	次商次淸音ᅕ寄
02禪ᄿㅣ	示	ᅑㅣ	04	澄ᅑ寄	次商濁音ᅑ寄
03見ㄱㅖ	寄	ㄱㅣ	04	見ㄱ寄	角淸音ㄱ寄

洪武正韻譯訓				四聲通解	韻會		
		俗音	韻			禮部	韻會
ㄲ	芰ㅣ		02		04	寄	寄
ㅂ	閉ㅣ		02		08	寄	寄
ㅂ	臂ㅣ		02		04	寄	寄
ㅍ	譬ㅣ		02		04	寄	寄
ㅃ	避ㅣ		02		04	寄	寄
ㅸ	費ㅣ		02		05	寄	寄
ㅱ	未ㅣ		02	今俗音ㅢ	05	寄	寄
ᅐ	寘ㅣ		02		04	寄	寄
ᅐ	智ㅣ		02		04	寄	寄
ᅐ	制ㅣ		02		08	寄	寄
ᅕ	掣ㅣ		02		08	寄	寄
ᅕ	眙ㅣ		02		04	寄	寄
ᅑ	治ㅣ		02		04	緻:寄	寄
ᄼ	世ㅣ	ㅣ;ㅿ	02	俗音ㅣㅿ	08	寄	寄

ᄿ	誓ㅣ	ㅣ;ㅿ	02	俗音ㅣㅿ	08	寄	寄
ᅙ	意ㅣ		02		04	寄	寄
ᅙ	医ㅣ		02		08	瘗:寄	寄
ㅎ	戲ㅣ		02		04	寄	寄
ㆁ	異ㅣ		02		04	寄	寄
ㆁ	詣ㅣ		02		08	詣:-	寄
ㆁ	曳ㅣ		02		04	寄	寄
ᄾ	試ㅣ	ㅡ	02	俗音ㅡ	04	寄	寄
ᄿ	侍ㅣ	ㅡ	02	俗音ㅡ	04	寄	寄
ㅿ	二ㅣ	ㅡ	02	俗音ㅡ	04	寄	寄

洪武正韻譯訓				四聲通解	韻會		
		俗音	韻			禮部	韻會
ᅕ	翅ㅡ		02	蒙韻韻會ᄾㅣ중현자ᄾㅣ	04	寄	寄
ᅕ	熾ㅡ		02	蒙韻韻會ᅕㅣ	04	寄	寄

洪武正韻譯訓				四聲通解	韻會		
		俗音	韻			禮部	韻會
ㄱ	寄ㅖ		03	韻會蒙韻ㅣ	04	寄	寄
ㅋ	器ㅖ		03	蒙韻ㅣ	08	寄	寄
ㄷ	替ㅖ		03	蒙韻ㅣ	08	寄	寄
ㅌ	第ㅖ		03	蒙韻ㅣ	08	寄	寄
ㄸ	地ㅖ		03	蒙韻ㅣ	04	寄	寄
ㄴ	泥ㅖ		03	蒙韻ㅣ	08	寄	寄
ᅎ	霽ㅖ		03	蒙韻ㅣ	08	寄	寄
ᅔ	切ㅖ		03	蒙韻ㅣ	08	寄	寄
ᅏ	劑ㅖ		03	蒙韻ㅣ	08	嚌:寄	寄
ᄼ	細ㅖ		03	蒙韻ㅣ	08	寄	寄
ᅑ	滯ㅖ		03	蒙韻ㅣ	08	寄	寄
ㄹ	麗ㅖ		03	蒙韻ㅣ	08	寄	寄
ㄹ	利ㅖ		03	蒙韻ㅣ	04	寄	寄
ㅁ	寐ㅖ		03	俗音ㅢ蒙韻ㅣ	04	寄	寄

寄

正音	俗音	韻會	蒙韻	
ㅣ				21
ㅣ	ㅡ			3
ㅡ		ㅣ	ㅣ	2
ㅖ		ㅣ	ㅣ	1
ㅖ			ㅣ	12
ㅖ	ㅢ		ㅣ	1

결과 "ㅣ"

중성자 "ㅣ"는 모든 聲調에서 四聲通解의 韻會音이 확인되었다. 이 밖에 임의 추출 표본조사에서도 중성자 "ㅣ"는 확인되었다.

3	雞	啓	計	"i"	"i"[ei]

平聲

洪武正韻譯訓				四聲通解	韻會		
		俗音	韻			禮部	韻會
ㄱ	雞ㅖ		03		08a	雞	雞
ㅋ	谿ㅖ		03		08a	雞	雞
ㆅ	兮ㅖ		03		08a	雞	雞

雞

正音	俗音	韻會	蒙韻	
ㅖ				3

上聲

洪武正韻譯訓				四聲通解	韻會		
		俗音	韻			禮部	韻會
ㅋ	啓ㅖ		03		08	啓	啓
ㆅ	徯ㅖ		03		08	啓	啓

啓

正音	俗音	韻會	蒙韻	
ㅖ				2

去聲

計

音	字	四聲通解 韻會音	韻會		
			韻	禮部	字母韻
03溪ㅋㅖ	契	與器仝則키 又云屬計字母韻 則켸	08	溪ㅋ計	角次淸音ㅋ寄/計

洪武正韻譯訓				四聲通解	韻會		
		俗音	韻			禮部	韻會
ㄱ	計ㅖ		03		08	計	計
ㅋ	契ㅖ		03		08	計	計
ㆅ	系ㅖ		03		08	計	計

計

正音	俗音	韻會	蒙韻	
ㅖ				3

결과 "ㅖ"

중성자 "ㅖ"는 去聲(計 字母韻)에서 四聲通解의 韻會音이 확인되었다. 이 밖에 임의 추출 표본조사에서도 중성자 "ㅖ"는 확인되었다.

4	嬀	軌	媿	“uei”	“ue”[uɛ]

平聲

嬀

音	字	四聲通解 韻會音	韻會		
			韻	禮部	字母韻
02精ㅈㅡ	劑	ㅈㅟ	04a	精ㅈ嬀	商清音ㅈ嬀
02幫ㅂㅣ	悲	ㅂㅟ	04a	幫ㅂ嬀	宮清音ㅂ嬀
02滂ㅍㅣ	披	ㅍㅟ	04a 鈹	滂ㅍ嬀	宮次淸音ㅍ嬀
02並ㅃㅣ	皮	ㅃㅟ	04a	並ㅃ嬀	宮濁音ㅃ嬀
02明ㅁㅣ	糜	ㅁㅟ	04a 糜	明ㅁ嬀	宮次濁音ㅁ嬀

洪武正韻譯訓				四聲通解	韻會		
		俗音	韻			禮部	韻會
ㅃ	皮ㅣ		02	蒙韻韻會ㅟ	04a	嬀	嬀
ㅁ	糜ㅣ		02	蒙韻韻會ㅟ	04a	嬀	嬀
ㅂ	悲ㅣ	ㅢ	02	韻會蒙韻ㅟ俗音ㅢ	04a	嬀	嬀

洪武正韻譯訓				四聲通解	韻會		
		俗音	韻			禮部	韻會
ㄱ	傀ㅟ		07		10a	嬀	嬀
ㅋ	恢ㅟ		07		10a	嬀	嬀
ㆁ	危ㅟ		07		04a	嬀	嬀
ㄷ	堆ㅟ		07		10a	鎚:嬀	嬀
ㅌ	推ㅟ		07		04a/10a	嬀	嬀
ㄸ	隤ㅟ		07		10a	嬀	嬀
ㅊ	崔ㅟ		07		04a/10a	嬀	嬀
ㅉ	摧ㅟ		07		10a	嬀	嬀
ㅅ	雖ㅟ		07		04a	婑:嬀	嬀
ㅆ	隨ㅟ		07		04a	嬀	嬀

ㅈ	隹ㅟ		07		04a	嬀	嬀
ㅊ	吹ㅟ		07		04a	嬀	嬀
ㅉ	垂ㅟ		07		04a	嬀	嬀
ㅆ	誰ㅟ		07		04a	嬀	嬀
ㆆ	煨ㅟ		07		10a	隈:嬀	嬀
ㅎ	灰ㅟ		07		10a	鎚:嬀	嬀
ㅎ	睢ㅟ		07		04a	娞:嬀	嬀
ㆅ	回ㅟ		07		10a	嬀	嬀
ㅇ	爲ㅟ		07		04a	嬀	嬀
ㄹ	雷ㅟ		07		10a	鈹:嬀	嬀
ㅿ	甤ㅟ		07		04a	嬀	嬀
ㅿ	痿ㅟ		07		04a	嬀	嬀
ㅂ	杯ㅟ	ㅢ	07	俗音ㅢ	10a	嬀	嬀
ㅍ	丕ㅟ	ㅢ	07	俗音ㅢ	04a	鈹:嬀	嬀
ㅃ	裴ㅟ	ㅢ	07	俗音ㅢ	10a	嬀	嬀
ㅁ	枚ㅟ	ㅢ	07	俗音ㅢ	10a	嬀	嬀

嬀

正音	俗音	韻會	蒙韻	
ㅣ		ㅟ	ㅟ	2
ㅣ	ㅢ	ㅟ	ㅟ	1
ㅟ				22
ㅟ	ㅢ			4

上聲

軌

音	字	四聲通解 韻會音	韻會		
			韻	禮部	字母韻
02幫ㅂㅣ	彼	ㅂㅟ	04	幫ㅂ軌	宮淸音ㅂ軌
02滂ㅍㅣ	秠	ㅍㅟ	04	滂ㅍ軌	宮次淸音ㅍ軌
02滂ㅍㅣ	圮	ㅃㅟ	04否	並ㅃ軌	宮濁音ㅃ軌
02並ㅃㅣ	否	ㅃㅟ	04	並ㅃ軌	宮濁音ㅃ軌

02並ㅃㅣ	被	ㅃㅟ	04	並ㅃ軌	宮濁音ㅃ軌
03明ㅁㅖ	靡	ㅁㅟ	04	明ㅁ軌	宮次濁音ㅁ軌

音	字	四聲通解 韻會音	韻會		
			韻	禮部	字母韻
07日ㅿㅟ	蕤	ᄿㅟ	04	禪ᄿ軌	次商次淸次音ᄾ軌

洪武正韻譯訓				四聲通解	韻會		
		俗音	韻			禮部	韻會
ㅃ	被ㅣ	ㅢ		今俗音ㅢ, 蒙韻韻會ㅟ	04	軌	軌
ㅂ	彼ㅣ	ㅢ		俗音ㅢ蒙韻韻會ㅟ	04	軌	軌
ᄾ	水ㅣ	ㅡ;ㅣ		俗音ㅡ俗音ㅣㅿ 今俗皆呼ㅟ	04	軌	軌

洪武正韻譯訓				四聲通解	韻會		
		俗音	韻			禮部	韻會
ㄱ	詭ㅟ		07		04	軌	軌
ㄲ	跪ㅟ		07		04	軌	軌
ㅇ	隗ㅟ		07		10	軌	軌
ㄴ	餧ㅟ		07		10	軌	軌
ᅐ	觜ㅟ		07		04	軌	軌
ᅕ	漼ㅟ		07		10	軌	軌
ᅏ	辠ㅟ		07		10	軌	軌
ᄼ	髓ㅟ		07		04	軌	軌
ᅑ	捶ㅟ		07		04	軌	軌
ᄾ	水ㅟ		07		04	軌	軌
ㆆ	猥ㅟ		07		10	軌	軌
ㅎ	賄ㅟ		07		10	軌	軌
ㄹ	壘ㅟ		07		04	軌	軌
ㅿ	蘂ㅟ		07		04	軌	軌
ㅃ	琲ㅟ	ㅢ	07	俗音ㅢ	10	軌	軌
ㅁ	美ㅟ	ㅢ	07	俗音ㅢ	04	軌	軌

軌

正音	俗音	韻會	蒙韻	
ㅣ		ㄲ	ㄲ	1
ㅣ	ㅢ	ㄲ	ㄲ	1
ㅣ	ㅡ; ㅣ (今俗皆呼ㄲ)			1
ㄲ				14
ㄲ	ㅢ			2

去聲

媿

音	字	四聲通解 韻會音	韻會		
			韻	禮部	字母韻
02幫ㅂㅣ	祕	ㅂㄲ	04	幫ㅂ媿	宮淸音ㅂ媿
02幫ㅂㅣ	轡	ㅂㄲ	04祕	幫ㅂ媿	宮淸音ㅂ媿
02並ㅃㅣ	被	ㅃㄲ	04髮	並ㅃ媿	宮濁音ㅃ媿

洪武正韻譯訓				四聲通解	韻會		
		俗音	韻			禮部	韻會
ㅂ	祕ㅣ		02	蒙韻韻會ㄲ	04	媿	媿
ㅂ	轡ㅣ		02	蒙韻韻會ㄲ今俗音或ㅙ	04	祕:媿	媿

洪武正韻譯訓				四聲通解	韻會		
		俗音	韻			禮部	韻會
ㄱ	儈ㄲ		07		09	媿	媿
ㄱ	貴ㄲ		07		05	媿	媿
ㄲ	匱ㄲ		07		04	媿	媿
ㆁ	魏ㄲ		07		05	媿	媿
ㄷ	對ㄲ		07		11	媿	媿
ㅌ	退ㄲ		07		11	媿	媿
ㄸ	隊ㄲ		07		11	媿	媿

ㄴ	內ㅟ		07		11	媿	媿
ㄴ	諉ㅟ		07		04	媿	媿
ᅎ	醉ㅟ		07		04	媿	媿
ᅔ	翠ㅟ		07		04	媿	媿
ᅏ	萃ㅟ		07		04	媿	媿
ᄼ	歲ㅟ		07		08	媿	媿
ᄽ	邃ㅟ		07		04	媿	媿
ᅐ	惴ㅟ		07		04	媿	媿
ᅕ	吹ㅟ		07		04	媿	媿
ᅑ	墜ㅟ		07		04	媿	媿
ᄾ	稅ㅟ		07		08	媿	媿
ᄿ	瑞ㅟ		07		04	媿	媿
ㆆ	穢ㅟ		07		11	媿	媿
ㆆ	尉ㅟ		07		05	媿	媿
ㅎ	誨ㅟ		07		11	媿	媿
ㅎ	睢ㅟ		07		04	媿	媿
ㆅ	潰ㅟ		07		11	媿	媿
ㅇ	胃ㅟ		07		05	媿	媿
ㄹ	類ㅟ		07		04	媿	媿
ㅿ	汭ㅟ		07		08	媿	媿
ㅂ	背ㅟ	ㅢ	07	俗音ㅢ	11	媿	媿
ㅍ	配ㅟ	ㅢ	07	俗音ㅢ	11	媿	媿
ㅁ	妹ㅟ	ㅢ	07	俗音ㅢ	11	媿	媿
ㅋ	喟ㅟ		07	蒙韻ᆈ	04	媿	媿

洪武正韻譯訓				四聲通解	韻會		
		俗音	韻			禮部	韻會
ㆁ	外ㅙ		06	蒙韻ㅟ	09	-	媿

媿

正音	俗音	韻會	蒙韻	
ㅣ		ㄲ	ㄲ	2
ㄲ				27
ㄲ	ㅓ			3
ㄲ			ㅚ	1
ㅙ			ㄲ	1

결과 "ㄲ"

중성자 "ㄲ"는 모든 聲調에서 四聲通解의 韻會音이 확인되었다. 이 밖에 임의 추출 표본조사에서도 중성자 "ㄲ"는 확인되었다.

5	麾	毁	諱	"uei"	"ue"[euɛ]

平聲

音	字	四聲通解 韻會音	韻會		
			韻	禮部	字母韻
07曉ㅎㄱ	麾	ㅎㆌ	04a	曉ㅎ麾	羽次淸音ㅎ麾

上聲

洪武正韻譯訓				四聲通解	韻會		
		俗音	韻			禮部	韻會
ㅎ	毁ㄱ		07	蒙韻ㆌ	04	毁	毁
ㅎ	虫ㄱ		07	蒙韻ㆌ	05	毁	毁

毁

正音	俗音	韻會	蒙韻	
ㄱ			ㆌ	2

결과 "ㆌ"

중성자 "ㆌ"는 平聲 (麾 字母韻)에서 四聲通解의 韻會音이 확인되었다. 이 밖에 중성자 "ㆌ"는 上聲 (毁 字母韻)에서 四聲通解의 蒙韻音이 확인되었다. 본고는 韻會音의 중성자와 蒙韻音의 중성자가 동일할 것이라고 추측한다.

6	規	癸	季	"ui"	"ue"[euɛ]

平聲

規

音	字	四聲通解 韻會音	韻會		
			韻	禮部	字母韻
07見ㄱㄲ	規	ㄱㅟ	04a	見ㄱ規	角淸音ㄱ規
07曉ㅎㄲ	暉	ㅎㅞ	05a	曉ㅎ麾	羽次淸音ㅎ規

四聲通解에서 暉과 麾은 "ㅎㄲ"音을 가지고 四聲通解에 의하면 韻會가 "ㅎㅞ"音이다. 麾는 麾 字母韻을 가진다.

暉에서 중성자 "ㅞ"는 아마도 禮部韻略七音三十六母通攷에 暉이 麾 字母韻을 가진 것을 반영한 것으로 보인다.

洪武正韻譯訓				四聲通解	韻會		
		俗音	韻			禮部	韻會
ㄱ	規ㄲ		07	韻會ㅟ千字ㅞ	04a	規	規
ㄲ	葵ㄲ	ㅣ	07	俗音ㅣ蒙韻ㅟ	04a	規	規

洪武正韻譯訓				四聲通解	韻會		
ㆆ	烓ㅖ		03	蒙韻在寘韻ㅞ	08a	規	規

規

正音	俗音	韻會	蒙韻	
ㄲ		ㅟ		1
ㄲ	ㅣ	ㅟ		1
ㅖ			ㅞ	1

上聲

洪武正韻譯訓				四聲通解	韻會		
		俗音	韻			禮部	韻會
ㅋ	跬귀		07	蒙韻괴	04	癸	癸

癸

正音	俗音	韻會	蒙韻	
귀			괴	1

癸은 四聲通解에서 "ㄱ귀"音을 가지고 "ㄱ괴" 蒙韻音을 가진다.

去聲

季

音	字	四聲通解 韻會音	韻會		
			韻	禮部	字母韻
07匣ㆅ귀	慧j	ㆅ괴	08	匣ㆅ季	羽次淸音ㅎ季
07匣ㆅ귀	嘒(嘒)	ㅎ괴	08	曉ㅎ季	羽濁音ㆅ季

洪武正韻譯訓				四聲通解	韻會		
		俗音	韻			禮部	韻會
ㆅ	慧귀		07	蒙韻韻會괴	08	季	季
ㄲ	悸귀		07	蒙韻괴	04	季	季

季

正音	俗音	韻會	蒙韻	
귀		괴	괴	1
기			괴	1

결과 "ㅚ"

중성자 "ㅚ"는 去聲 (季 字母韻)에서 四聲通解의 韻會音이 확인되었다. 이 밖에 임의 추출 표본조사에서도 중성자 "ㅚ"는 확인되었다.

7	惟	唯	恚	"ui"	"ue"[ui]

平聲

惟은 四聲通解에서 "ᄝᅵ"音과 "ㅇᆒ" 蒙韻音을 가진다.

上聲

唯

音	字	四聲通解 韻會音	韻會		
			韻	禮部	字母韻
07影ᅙᅱ	唯	ㅇᆒ	04	喩ㅇ唯	羽次濁音ㅇ唯

去聲

恚

音	字	四聲通解 韻會音	韻會		
			韻	禮部	字母韻
07匣ᅘᅱ	恚	ᅙᆒ	04	影ᅙ恚	羽清音ᅙ恚

결과 "ᆒ"

중성자 "ᆒ"는 上聲 (唯 字母韻)과 去聲 (恚 字母韻)에서 四聲通解의 韻會音이 확인되었다.

8	孤	古	顧	"u"	"u"[u]

平聲

孤

音	字	四聲通解 韻會音	韻會		
			韻	禮部	字母韻
04精ㅈㅠ	菹(葅)	ㅈㅜ	06a	知ㅈ孤	商淸音ㅈ孤
04審ㅅㅠ	毹(毺)	ㅅㅜ	07a	審ㅅ孤	次商次淸次音ㅅ孤
05滂ㅍㅜ	誧	ㅂㅜ	07a 逋	幫ㅂ孤	宮淸音ㅂ孤

洪武正韻譯訓				四聲通解	韻會		
		俗音	韻			禮部	韻會
ㄱ	孤ㅜ		05		07a	孤	孤
ㅋ	枯ㅜ		05		07a	孤	孤
ㅇ	吾ㅜ		05		07a	孤	孤
ㄷ	都ㅜ		05		07a	孤	孤
ㄸ	徒ㅜ		05		07a	孤	孤
ㄴ	奴ㅜ		05		07a	孤	孤
ㅂ	逋ㅜ		05		07a	孤	孤
ㅍ	鋪ㅜ		05		07a	孤	孤
ㅃ	蒲ㅜ		05		07a	孤	孤
ㅁ	模ㅜ		05		07a	孤	孤
ㅸ	敷ㅜ		05		07a	孤	孤
ㅹ	扶ㅜ		05		07a	孤	孤
ㅱ	無ㅜ		05		07a	孤	孤
ㅈ	租ㅜ		05		07a	孤	孤
ㅊ	麤ㅜ		05		07a	孤	孤
ㅉ	徂ㅜ		05		07a	孤	孤
ㅅ	蘇ㅜ		05		07a	孤	孤

ᅕ	初ㅜ		05		06a	孤	孤
ᄾ	蔬ㅜ		05		06a	孤	孤
ㆆ	烏ㅜ		05		07a	孤	孤
ㅎ	呼ㅜ		05		07a	孤	孤
ㆅ	胡ㅜ		05		07a	孤	孤
ㄹ	盧ㅜ		05		07a	孤	孤

孤

正音	俗音	韻會	蒙韻	
ㅜ				23

上聲

洪武正韻譯訓				四聲通解	韻會		
		俗音	韻			禮部	韻會
ㄱ	古ㅜ		05		07	古	古
ㅋ	苦ㅜ		05		07	古	古
ㆁ	五ㅜ		05		07	古	古
ㄷ	覩ㅜ		05		07	古	古
ㅌ	土ㅜ		05		07	古	古
ㄸ	杜ㅜ		05		07	古	古
ㄴ	弩ㅜ		05		07	弩:古	古
ㅂ	補ㅜ		05		07	古	古
ㅍ	普ㅜ		05		07	古	古
ㅃ	簿ㅜ		05		07	古	古
ㅁ	姥ㅜ		05		07	古	古
ᄫ	撫ㅜ		05		07	古	古
ᄬ	輔ㅜ		05		07	撫:古	古
ᄝ	武ㅜ		05		07	古	古
ᅎ	祖ㅜ		05		07	古	古
ᅏ	粗ㅜ		05		07	古	古
ᅐ	阻ㅜ		05		06	古	古

ㅊ	楚ㅜ		05		06	古	古
ㅅ	所ㅜ		05	今俗音ㅗ	06	古	古
ㆆ	塢ㅜ		05		07	古	古
ㅎ	虎ㅜ		05		07	古	古
ㆅ	戶ㅜ		05		07	古	古
ㄹ	魯ㅜ		05		07	古	古

古

正音	俗音	韻會	蒙韻	
ㅜ				23

去聲

顧

音	字	四聲通解 韻會音	韻會		
			韻	禮部	字母韻
05幫ㅂㅜ	怖	ㅍㅜ	07	滂ㅍ顧	宮次淸音ㅍ顧

洪武正韻譯訓				四聲通解	韻會		
		俗音	韻			禮部	韻會
ㄱ	顧ㅜ		05		07	顧	顧
ㅋ	庫ㅜ		05		07	顧	顧
ㆁ	誤ㅜ		05		07	-	顧
ㄷ	妒ㅜ		05		07	顧	顧
ㅌ	兎ㅜ		05		07	顧	顧
ㄸ	度ㅜ		05		07	顧	顧
ㄴ	怒ㅜ		05		07	笯:顧	顧
ㅂ	布ㅜ		05		07	顧	顧
ㅍ	鋪ㅜ		05		07	怖:顧	顧
ㅃ	步ㅜ		05		07	顧	顧
ㅁ	暮ㅜ		05		07	顧	顧
ㅸ	赴ㅜ		05		07	顧	顧

ᄫ	附ㅜ		05		07	顧	顧
ᄝ	務ㅜ		05		07	顧	顧
ᅎ	作ㅜ		05		07	顧	顧
ᅔ	措ㅜ		05		07	顧	顧
ᅏ	祚ㅜ		05		07	顧	顧
ᄼ	素ㅜ		05		07	顧	顧
ᅐ	詛ㅜ		05		06	顧	顧
ᅕ	楚ㅜ		05		06	顧	顧
ᅑ	助ㅜ		05		06	顧	顧
ᄾ	疏ㅜ		05	宋:蔬	06	顧	顧
ㆆ	汙ㅜ		05		07	顧	顧
ㅎ	謼ㅜ		05		07	顧	顧
ㆅ	護ㅜ		05		07	顧	顧
ㄹ	路ㅜ		05		07	顧	顧

顧

正音	俗音	韻會	蒙韻	
ㅜ				26

결과 "ㅜ"

중성자 "ㅜ"는 平聲 (孤 字母韻)과 去聲 (顧 字母韻)에서 四聲通解의 韻會音이 확인되었다. 이 밖에 임의 추출 표본조사에서도 중성자 "ㅜ"는 확인되었다.

9	居	擧	據	"iu"	"iu"[eu]

平聲

居

音	字	四聲通解 韻會音	韻會		
			韻	禮部	字母韻
04精ᅎㅠ	苴	ᅎㅠ	06a	精ᅎ居	角(sic商)淸音ᅎ居
04精ᅎㅠ	苴	ᅔㅠ	06a 疽	淸ᅔ居	商次淸音ᅔ居
04精ᅎㅠ	疽	ᅔㅠ	06a	淸ᅔ居	商次淸音ᅔ居
04牀ᅑㅠ	蜍	ᄿㅠ	06a	-	次商次濁次音ᄿ居
04影ㆆㅠ	迂		07a 紆	影ㆆ居	羽淸音ㆆ居
04影ㆆㅠ	迂	又音ㆁㅠ	07a 于	魚ㆁ居	角次濁次音ㆁ居

苴은 四聲通解의 韻會音에서 "ᅎㅠ"와 "ᅔㅠ", 두 音을 가진다. 迂은 四聲通解에 "ㆆㅠ"音을 가지고 韻會音에 "ㆁㅠ"音을 추가로 가진다.

洪武正韻譯訓				四聲通解	韻會		
		俗音	韻			禮部	韻會
ㄱ	居ㅠ		04		06a	居	居
ㅋ	區ㅠ		04		07a	居	居
ㄲ	渠ㅠ		04		06a	居	居
ㆁ	魚ㅠ		04		06a	居	居
ㄴ	袽ㅠ		04		06a	居	居
ᅎ	疽ㅠ		04		06a	居	居
ᅔ	趨ㅠ		04		07a	居	居
ᄼ	胥ㅠ		04		06a	居	居
ᄽ	徐ㅠ		04		06a	居	居
ᅐ	諸ㅠ		04		06a	居	居

ᅕ	樞ㅠ		04		07a	居	居
ᅑ	除ㅠ		04		06a	居	居
ᄾ	書ㅠ		04		06a	居	居
ᄿ	殊ㅠ		04		07a	居	居
ᅙ	於ㅠ		04		06a	居	居
ㅎ	虛ㅠ		04		06a	居	居
ㅇ	于ㅠ		04		07a	居	居
ㄹ	閭ㅠ		04		06a	臚:居	居
ㅿ	如ㅠ		04		06a	居	居

居

正音	俗音	韻會	蒙韻	
ㅠ				19

上聲

擧

音	字	四聲通解 韻會音	韻會		
			韻	禮部	字母韻
04群ㄲㅠ	齲	ㅋㅠ	07	溪ㅋ擧	角次淸音ㅋ擧
04精ᅎㅠ	沮	ᅏㅠ	06	從ᅏ擧	商濁音ᅏ擧
04牀ᅑㅠ	柱	ᅑㅠ	07	澄ᅑ擧	次商濁音ᅑ擧
04牀ᅑㅠ	宁	ᅐㅠ	06貯	知ᅐ擧	次商淸音ᅐ擧
04牀ᅑㅠ	貯	ᅐㅠ	06	知ᅐ擧	次商淸音ᅐ擧
04審ᄾㅠ	抒	ᅑㅠ	06宁	澄ᅑ擧	次商濁音ᅑ擧

洪武正韻譯訓				四聲通解	韻會		
		俗音	韻			禮部	韻會
ㄱ	擧ㅠ		04		06	擧	擧
ㅋ	去ㅠ		04		06	擧	擧
ㄲ	巨ㅠ		04		06	擧	擧

ㆁ	語ㅠ		04		06	擧	擧
ㄴ	女ㅠ		04		06	擧	擧
ᅎ	沮ㅠ		04		06	擧	擧
ᅔ	取ㅠ		04		07	擧	擧
ᅏ	聚ㅠ		04		07	擧	擧
ᄼ	胥ㅠ		04		06	諝:擧	擧
ᄽ	敍ㅠ		04		06	擧	擧
ᅐ	主ㅠ		04		07	擧	擧
ᅕ	杵ㅠ		04		06	擧	擧
ᅑ	柱ㅠ		04		07	擧	擧
ᄾ	暑ㅠ		04		06	擧	擧
ᄿ	墅ㅠ		04		06	擧	擧
ᄿ	竪ㅠ		04		07	擧	擧
ㆆ	傴ㅠ		04		07	擧	擧
ㅎ	許ㅠ		04		06	擧	擧
ㅇ	與ㅠ		04		06	擧	擧
ㄹ	呂ㅠ		04		06	擧	擧
ㅿ	汝ㅠ		04		06	擧	擧

洪武正韻譯訓				四聲通解	韻會		
		俗音	韻			禮部	韻會
ᄾ	數ㅜ		05		07	擧	擧

擧

正音	俗音	韻會	蒙韻	
ㅠ				21
ㅜ				1

去聲

據

音	字	四聲通解 韻會音	韻會		
			韻	禮部	字母韻
04見ㄱㅠ	遽	ㄲㅠ	06	群ㄲ據	角濁音ㄲ據
04牀ᅑㅠ	駐	ᅎㅠ	07	知ᅎ據	次商濁音ᅑ據
04禪ᄿㅠ	戍	ᄾㅠ	07	審ᄾ據	次商次淸音ᅕ據

洪武正韻譯訓				四聲通解	韻會		
		俗音	韻			禮部	韻會
ㄱ	據ㅠ		04		06	據	據
ㅋ	去ㅠ		04		06	據	據
ㄲ	瞿ㅠ		04		07	屨:據	據
ㅇ	御ㅠ		04		06	據	據
ㄴ	女ㅠ		04		06	據	據
ᅎ	覰ㅠ		04		06	據	據
ᄼ	絮ㅠ		04		06	據	據
ᅐ	著ㅠ		04		06	據	據
ᅕ	處ㅠ		04		06	據	據
ᄾ	恕ㅠ		04		06	據	據
ᄿ	樹ㅠ		04		07	據	據
ㆆ	飫ㅠ		04		06	據	據
ㅇ	豫ㅠ		04		06	據	據
ㄹ	慮ㅠ		04		06	臚: 據	據
ㅿ	孺ㅠ		04		07	據	據

據

正音	俗音	韻會	蒙韻	
ㅠ				15

결과 "ㅠ"

중성자 "ㅠ"는 모든 聲調에서 四聲通解의 韻會音이 확인되었다. 이 밖에 임의 추출 표본조사에서도 중성자 "ㅠ"는 확인되었다.

10	該	改	蓋	"ai"	"ai"[ai]

平聲

該

音	字	四聲通解 韻會音	韻會		
			韻	禮部	字母韻
06喻ㅇㅒ	涯	ㆁㅒ	09a 厓	喻ㅇ該	角次濁音ㆁ該

洪武正韻譯訓				四聲通解	韻會		
		俗音	韻			禮部	韻會
ㄱ	該ㅐ		06		10a	該	該
ㅋ	開ㅐ		06		10a	該	該
ㆁ	皚ㅐ		06		10a	該	該
ㅌ	胎ㅐ		06		10a	該	該
ㄸ	臺ㅐ		06		10a	該	該
ㄴ	能ㅐ		06		10a	該	該
ㅃ	排ㅐ		06		09a	該	該
ㅁ	埋ㅐ		06		09a	該	該
ᅎ	哉ㅐ		06		10a	該	該
ᅔ	猜ㅐ		06		10a	該	該
ᅏ	裁ㅐ		06		10a	該	該
ᄼ	鰓ㅐ		06		10a	該	該
ᅐ	齋ㅐ		06		09a	該	該
ᅑ	豺ㅐ		06		09a	該	該
ᄾ	簁ㅐ		06		09a	該	該
ㆆ	哀ㅐ		06		10a	該	該
ㅎ	咍ㅐ		06		10a	該	該
ㆅ	孩ㅐ		06		10a	該	該
ㄹ	來ㅐ		06		10a	該	該

洪武正韻譯訓				四聲通解	韻會		
		俗音	韻			禮部	韻會
ㅇ	涯ㅐ		06	韻會ㅐ今俗音ㅐ	09a	涯:該	該

該

正音	俗音	韻會	蒙韻	
ㅐ				19
ㅐ		ㅐ		1

上聲

改

音	字	四聲通解 韻會音	韻會		
			韻	禮部	字母韻
06幫ㅂㅐ	罷	ㅃㅐ	09	竝ㅃ改	宮濁音ㅃ改
07並ㅃㄱ	倍	ㅃㅐ	10	竝ㅃ改	宮濁音ㅃ改

洪武正韻譯訓				四聲通解	韻會		
		俗音	韻			禮部	韻會
ㄱ	改ㅐ		06		10	改	改
ㅋ	愷ㅐ		06		10	改	改
ㄸ	待ㅐ		06		10	改	改
ㄴ	乃ㅐ		06		10	改	改
ㅂ	罷ㅐ		06		09	改	改
ㅁ	買ㅐ		06		09	改	改
ㅈ	宰ㅐ		06		10	改	改
ㅊ	采ㅐ		06		10	改	改
ㅉ	在ㅐ		06		10	改	改
ㅊ	茝ㅐ		06		10	改	改
ㅊ	跐ㅐ		06		09	改	改
ㅉ	廌ㅐ		06		09	改	改
ㅅ	灑ㅐ		06		09	改	改
ㆆ	欸ㅐ		06		10	欸:改	改

ㅎ	海ㅐ		06		10	改	改
ㆅ	亥ㅐ		06		10	改	改
ㆁ	騃ㅐ		06	蒙韻ㅒ	09	改	改
ㆅ	夥ㅐ	ㅗ	06	俗音ㅗ集音集成拉音ㅙ	09	改	改

洪武正韻譯訓				四聲通解	韻會		
		俗音	韻			禮部	韻會
ㆆ	矮ㅐ		06		09	改	改

改

正音	俗音	韻會	蒙韻	
ㅐ				16
ㅐ			ㅒ	1
ㅒ				1
ㅐ	ㅗ			1

去聲

蓋

音	字	四聲通解 韻會音	韻會		
			韻	禮部	字母韻
06精ㅈㅐ	載		11 再	精ㅈ蓋	(音與載同) 蓋
06精ㅈㅐ	載	又音ㅉㅐ	11 在	從ㅉ蓋	商濁音ㅉ蓋
06精ㅈㅐ	栽	ㅉㅐ	11在	從ㅉ蓋	商濁音ㅉ蓋
06影ㆆㅒ	隘	ㆆㅐ	10	乡ㆆ蓋	羽次淸次音ㆆ蓋
07幫ㅂㅟ	貝	ㅂㅐ	09	幫ㅂ蓋	宮淸音ㅂ蓋
07滂ㅍㅟ	沛	ㅂㅐ	09貝	幫ㅂ蓋	宮淸音ㅂ蓋
07並ㅃㅟ	旆	ㅃㅐ	09	並ㅃ蓋	宮濁音ㅃ蓋
07並ㅃㅟ	茷	ㅂㅐ	09旆	並ㅃ蓋	宮濁音ㅃ蓋
07明ㅁㅟ	眛	又音ㅁㅐ	09	明ㅁ蓋	宮次濁音ㅁ媿,蓋

洪武正韻譯訓				四聲通解	韻會		
		俗音	韻			禮部	韻會
ㄱ	蓋ㅐ		06		09	蓋	蓋
ㅋ	慨ㅐ		06		11	蓋	蓋
ㆁ	艾ㅐ		06		09	蓋	蓋
ㄷ	帶ㅐ		06		09	蓋	蓋
ㄷ	戴ㅐ		06		11	蓋	蓋
ㅌ	泰ㅐ		06		09	蓋	蓋
ㄸ	代ㅐ		06		11	蓋	蓋
ㄴ	柰ㅐ		06		09+11	蓋	蓋
ㅂ	拜ㅐ		06		10	蓋	蓋
ㅍ	派ㅐ		06		10	蓋	蓋
ㅃ	敗ㅐ		06		10	蓋	蓋
ㅁ	賣ㅐ		06		10	蓋	蓋
ᅎ	再ㅐ		06		11	蓋	蓋
ᅔ	菜ㅐ		06		11	蓋	蓋
ᅏ	在ㅐ		06		11	蓋	蓋
ᄼ	塞ㅐ		06		11	蓋	蓋
ᅐ	債ㅐ		06		10	蓋	蓋
ᅕ	瘥ㅐ		06		10	蓋	蓋
ᅑ	砦ㅐ		06		10	蓋	蓋
ᄾ	曬ㅐ		06		10	蓋	蓋
ㆆ	愛ㅐ		06		11	蓋	蓋
ㆅ	害ㅐ		06		09	蓋	蓋
ㄹ	賴ㅐ		06		09	蓋	蓋
ㄹ	徠ㅐ		06		11	蓋	蓋
ㄸ	大ㅐ	ㅏ	06	俗音ㅏ	09	蓋	蓋
ㆆ	嗄ㅐ		06	蒙韻ㅐ	10	蓋	蓋

洪武正韻譯訓				四聲通解	韻會		
		俗音	韻			禮部	韻會
ㆆ	隘ㅒ		06	韻會ㅐ	10	蓋	蓋

洪武正韻譯訓				四聲通解	韻會		
		俗音	韻			禮部	韻會
ㅃ	旆ㅟ	ㅢ	07	俗音ㅢ韻會蒙韻ㅐ	09	蓋	蓋

蓋

正音	俗音	韻會	蒙韻	
ㅐ				24
ㅐ	ㅏ			1
ㅐ			ㅒ	1
ㅒ		ㅐ		1
ㅟ	ㅢ	ㅐ	ㅐ	1

결과 "ㅐ"

중성자 "ㅐ"는 모든 聲調에서 四聲通解의 韻會音이 확인되었다. 이 밖에 임의 추출 표본조사에서도 중성자 "ㅐ"는 확인되었다.

11	佳	解	懈	"iai"	"iai"

平聲

洪武正韻譯訓				四聲通解	韻會		
		俗音	韻			禮部	韻會
ㄱ	皆ㅒ	ㅖ	06	俗音ㅖ	09a	佳	佳
ㆅ	諧ㅒ	ㅖ	06	俗音ㅖ ST 俗音ㆅㅒ(sic)	09a	佳	佳

佳

正音	俗音	韻會	蒙韻	
ㅒ	ㅖ			2

上聲

解

音	字	四聲通解 韻會音	韻會		
			韻	禮部	字母韻
06匣ㆅㅒ	駭	ㆅㅒ	09	-	羽濁音ㆅ解

洪武正韻譯訓				四聲通解	韻會		
		俗音	韻			禮部	韻會
ㄱ	解ㅒ	ㅖ	06	俗音ㅖ	09	解	解
ㅋ	鍇ㅒ	ㅖ	06	俗音ㅖ	09	解	解
ㆅ	蟹ㅒ	ㅖ	06	俗音ㅖ四聲通解俗音ㆅㅒ(sic)	09	解	解

洪武正韻譯訓				四聲通解	韻會		
		俗音	韻			禮部	韻會
ㆅ	駭ㅒ		06	韻會蒙韻ㅒ	09	蟹:解	解

解

正音	俗音	韻會	蒙韻	
ㅒ	ㅖ			3
ㅒ		ㅒ	ㅒ	1

去聲

洪武正韻譯訓				四聲通解	韻會		
		俗音	韻			禮部	韻會
ㄱ	戒ㅒ	ㅖ	06	俗音ㅖ	10	懈	懈
ㆅ	械ㅒ	ㅖ	06	俗音ㆅㅒ(sic)	10	懈	懈

懈

正音	俗音	韻會	蒙韻	
ㅒ	ㅖ			2

결과 "ㅒ"

중성자 "ㅒ"는 上聲 (解 字母韻)에서 四聲通解의 韻會音이 확인되었다. 이 밖에 임의 추출 표본조사에서도 중성자 "ㅒ"는 확인되었다.

12	乖	掛	怪,卦	"uai"	"uai"[uai]

平聲

乖

音	字	四聲通解 韻會音	韻會		
			韻	禮部	字母韻
07淸ᅕㅟ	榱	ᄾㅙ	04a 衰	審ᄾ乖	次商次淸次音ᄾ乖
07審ᄾㅟ	衰	ᄾㅙ	04a	審ᄾ乖	次商次淸次音ᄾ乖
15見ㄱㅘ	媧	ㄱㅙ	09a	見ㄱ乖	角淸音ㄱ乖

洪武正韻譯訓				四聲通解	韻會		
		俗音	韻			禮部	韻會
ㄱ	乖ㅙ		06		09a	乖	乖
ㆅ	懷ㅙ		06		09a	乖	乖

洪武正韻譯訓				四聲通解	韻會		
		俗音	韻			禮部	韻會
ᄾ	衰ㅟ	ㅙ	07	俗音韻會蒙韻ㅙ	04a	乖	乖

乖

正音	俗音	韻會	蒙韻	
ㅙ				2
ㅟ	ㅙ	ㅙ	ㅙ	1

上聲

掛

音	字	四聲通解 韻會音	韻會		
			韻	禮部	字母韻
07穿ᅕㅟ	揣	ᅕㅙ	04	徹ᅕ掛	次商次淸音ᅕ掛

洪武正韻譯訓				四聲通解	韻會		
		俗音	韻			禮部	韻會
ㅊ	揣ᅱ	ᅫ	07	俗音蒙韻韻會ᅫ	04	掛	掛

掛

正音	俗音	韻會	蒙韻	
ᅱ	ᅫ	ᅫ	ᅫ	1

去聲

怪

音	字	四聲通解 韻會音	韻會		
			韻	禮部	字母韻
07審ᄾᅱ	帥	ᄾᅫ同	04	審ᄾ怪	次商次淸次音ᄾ怪

洪武正韻譯訓				四聲通解	韻會		
		俗音	韻			禮部	韻會
ᄾ	帥ᅱ		07	今俗音蒙韻韻會ᅫ	04	怪	怪

怪

正音	俗音	韻會	蒙韻	
ᅱ		ᅫ	ᅫ	1

卦

音	字	四聲通解 韻會音	韻會		
			韻	禮部	字母韻
06疑ㆁᅫ	聵	ㆁᅫ	10	魚ㆁ卦	角次濁次音(ㆁ)卦
07溪ㅋᅱ	喟(喟)	又音ㅋᅫ	10 蒯	溪ㅋ卦	角次淸音ㅋ卦
15匣ㆅᅪ	畫	ㆅᅫ	10	匣ㆅ卦	羽濁次音(ㆅ) 卦

洪武正韻譯訓				四聲通解	韻會		
		俗音	韻			禮部	韻會
ㅊ	嘬ㅐ		06	蒙韻ᅫ	10	嘬:卦	卦

洪武正韻譯訓				四聲通解	韻會		
		俗音	韻			禮部	韻會
ㆅ	畫놔		15	蒙韻韻會놰	10	卦	卦

洪武正韻譯訓				四聲通解	韻會		
		俗音	韻			禮部	韻會
ㄱ	怪놰		06		10	卦	卦
ㅋ	快놰		06		10	卦	卦
ㆅ	壞놰		06		10	卦	卦

卦

正音	俗音	韻會	蒙韻	
ㅐ			놰	1
놰				3
놔		놰	놰	1

결과 "놰"

중성자 "놰"는 모든 聲調에서 四聲通解의 韻會音이 확인되었다. 이 밖에 임의 추출 표본조사에서도 중성자 "놰"는 확인되었다.

13	歌	哿	箇	"o"	"o"[o]

平聲

歌

音	字	四聲通解 韻會音	韻會		
			韻	禮部	字母韻
14淸ㅊㅓ	嵯	音ㅉㅓ	05b蹉	淸ㅊ歌	商濁音ㅉ歌

洪武正韻譯訓				四聲通解	韻會		
		俗音	韻			禮部	韻會
ㄱ	歌ㅓ		14		05b	歌	歌
ㅋ	珂ㅓ		14		05b	歌	歌
ㆁ	莪ㅓ		14		05b	歌	歌
ㄷ	多ㅓ		14		05b	歌	歌
ㄸ	駝ㅓ		14		05b	歌	歌
ㅊ	蹉ㅓ		14	今俗音ㅗ	05b	歌	歌
ㅉ	醝ㅓ		14	今俗音ㅗ	05b	歌	歌
ㅅ	娑ㅓ		14	今俗音ㅗ	05b	歌	歌
ㅎ	訶ㅓ		14	今俗音ㅓ (sic)	05b	歌	歌
ㆅ	何ㅓ		14	今俗音ㅓ&ㆇ	05b	歌	歌
ㄹ	羅ㅓ		14	今俗音ㅗ	05b	歌	歌
ㅌ	佗ㅓ	ㅏ	14	俗音ㅏ	05b	歌	歌
ㄴ	那ㅓ	ㅏ	14	俗音ㅏ今俗音ㆇ	05b	歌	歌
ㆆ	阿ㅓ	ㅏ	14	俗音ㅏ	05b	歌	歌

洪武正韻譯訓				四聲通解	韻會		
		俗音	韻			禮部	韻會
ㆁ	訛ㅝ		14	蒙韻ㅓ	吪: 05b	歌	歌

歌

正音	俗音	韻會	蒙韻	
ㅓ				11
ㅓ	ㅏ			3
ㅝ			ㅓ	1

上聲

哿

音	字	四聲通解 韻會音	韻會		
			韻	禮部	字母韻
14明ㅁㅝ	麽	ㅓ類	20	明ㅁ果	宮次濁音ㅁ哿

洪武正韻譯訓				四聲通解	韻會		
		俗音	韻			禮部	韻會
ㄱ	哿ㅓ		14		20	哿	哿
ㅋ	可ㅓ		14		20	哿	哿
ㅇ	我ㅓ		14		20	哿	哿
ㄸ	拕ㅓ		14		20	哿	哿
ㅈ	左ㅓ		14		20	哿	哿
ㅊ	瑳ㅓ		14	今俗音ㅗ	20	哿	哿
ㆅ	荷ㅓ		14	今俗音ㅓ&ㅝ	20	哿	哿
ㄴ	娜ㅓ	ㅏ	14	俗音ㅏ	20	哿	哿

洪武正韻譯訓				四聲通解	韻會		
		俗音	韻			禮部	韻會
ㅁ	麽ㅝ		14	蒙韻ㅓ韻會ㅓ類	20	果	哿

哿

正音	俗音	韻會	蒙韻	
ㅓ				7
ㅓ	ㅏ			1
ㅝ		ㅓ	ㅓ	1

去聲

箇

音	字	四聲通解 韻會音	韻會		
			韻	禮部	字母韻
14從ᅏㅓ	磋	ᅔㅓ	21	淸ᅔ箇	商次淸音ᅔ箇

洪武正韻譯訓				四聲通解	韻會		
		俗音	韻			禮部	韻會
ㄱ	箇ㅓ		14		21	箇	箇
ㅋ	軻ㅓ		14		21	箇	箇
ㅇ	餓ㅓ		14		21	箇	箇
ㄷ	癉ㅓ		14		21	箇	箇
ᅎ	左ㅓ		14		21	箇	箇
ᄼ	些ㅓ		14	今俗音ㅗ	21	箇	箇
ㅎ	呵ㅓ		14	今俗音ㅓ(sic)	21	箇	箇
ㆅ	荷ㅓ		14	今俗音ㅓ&ㅝ	21	賀:箇	箇
ㆅ	賀ㅓ		14	今俗音ㅓ&ㅝ	21	箇	箇
ㄴ	奈ㅓ		14	俗音ㅏ今俗音ㅐ	21	箇	箇

箇

正音	俗音	韻會	蒙韻	
ㅓ				9
ㅓ	ㅏ			1

결과 "ㅓ"

중성자 "ㅓ"는 모든 聲調에서 四聲通解의 韻會音이 확인되었다. 이 밖에 임의 추출 표본조사에서도 중성자 "ㅓ"는 확인되었다.

14	戈	果	過	"uo"	"uo"[uo]

平聲

戈

音	字	四聲通解 韻會音	韻會		
			韻	禮部	字母韻
14透ㅌㅓ	詑	又音ㅌㆇ	05b佗	透ㅌ戈	徵次淸音ㅌ戈
14泥ㄴㅓ	捼 (禮部:挼)	ㅝ類	05b	(泥ㄴ戈)	徵次濁音ㄴ戈
14心ㅅㅓ	莎	ㅝ類	05b蓑	心ㅅ戈	商次淸次音ㅅ戈

詑은 "ㅌㅓ"音을 가지고 있는데 四聲通解에는 다음과 같은 기록이 있다. "蒙韻又音ㅌㆇ 韻會同".

洪武正韻譯訓				四聲通解	韻會		
		俗音	韻			禮部	韻會
ㄱ	戈ㅝ		14		05b	戈	戈
ㅋ	科ㅝ		14		05b	戈	戈
ㅂ	波ㅝ		14		05b	戈	戈
ㅍ	頗ㅝ		14		05b	戈	戈
ㅃ	婆ㅝ		14		05b	-	戈
ㆆ	渦ㅝ		14		05b	倭:戈	戈
ㆅ	和ㅝ		14		05b	戈	戈
ㅁ	摩ㅝ		14	蒙韻ㅓ	05b	戈	戈

戈

正音	俗音	韻會	蒙韻	
ㅝ				7
ㅝ			ㅓ	1

上聲

果

音	字	四聲通解 韻會音	韻會		
			韻	禮部	字母韻
14端ㄷㅓ	朶	屬ㅝ類	20	端ㄷ果	徵淸音ㄷ果
14透ㅌㅓ	妥	屬ㅝ類	20	透ㅌ果	徵次淸音ㅌ果
14透ㅌㅓ	惰	屬ㅝ類	20	定ㄸ果	徵濁音果
14來ㄹㅓ	蠃	ㅝ類	20	來ㄹ果	半徵商音ㄹ果
14來ㄹㅓ	裸(蠃)	ㅝ類	20	來ㄹ果	半徵商音ㄹ果
14從ᅏㅝ	脞	ᅔㅝ	20	淸ᅔ果	商次淸音ᅔ果

洪武正韻譯訓				四聲通解	韻會		
		俗音	韻			禮部	韻會
ㄱ	果ㅝ		14		20	果	果
ㅋ	顆ㅝ		14		20	果	果
ㅂ	跛ㅝ		14		20	果	果
ㅍ	頗ㅝ		14		20	果	果
ᅏ	坐ㅝ		14		20	果	果
ᄾ	鎖ㅝ		14		20	果	果
ㆆ	婐ㅝ		14		20	果	果
ㅎ	火ㅝ		14		20	果	果
ㆅ	禍ㅝ		14		20	果	果

洪武正韻譯訓				四聲通解	韻會		
		俗音	韻			禮部	韻會
ㄷ	朶ㅓ		14	蒙韻韻會ㅝ	20	果	果
ㅌ	妥ㅓ		14	蒙韻韻會ㅝ	20	果	果
ㄹ	裸ㅓ		14	(蠃) 韻會ㅝ蒙韻ㅗ	20	果	果

果

正音	俗音	韻會	蒙韻	
ㅝ				9
ㅓ		ㅝ	ㅝ	2
ㅓ		ㅝ	ㅗ	1

去聲

過

音	字	四聲通解 韻會音	韻會		
			韻	禮部	字母韻
14定ㄸㅓ	惰	ㅝ類	21	定ㄸ過	徵濁音ㄸ過
14泥ㄴㅓ	懦(愞)	ㅝ類	21	泥ㄴ過	徵次濁音ㄴ過
14從ᅏㅓ	剉	ㅝ類	21	淸ᅔ過	商次淸音ᅔ過
14從ᅏㅓ	挫	ᅎㅝ	21	精ᅎ過	商淸音ᅎ過
14匣ㆅㅓ	和	ㅝ類	21	合ㆅ過	羽濁次音(ㆅ) 過
14來ㄹㅓ	摞	ㅝ類	21邏	來ㄹ過	半徵商音ㄹ過

洪武正韻譯訓				四聲通解	韻會		
		俗音	韻			禮部	韻會
ㄱ	過ㅝ		14		21	過	過
ㅋ	課ㅝ		14		21	過	過
ㅂ	播ㅝ		14		21	過	過
ㅍ	破ㅝ		14		21	過	過
ᅏ	坐ㅝ		14		21	過	過
ㆆ	涴ㅝ		14		21	過	過
ㅎ	貨ㅝ		14		21	過	過
ㅁ	磨ㅝ		14	蒙韻ㅓ	21	過	過

洪武正韻譯訓				四聲通解	韻會		
		俗音	韻			禮部	韻會
ㄸ	惰ㅓ		14	蒙韻韻會ㅝ	21	過	過
ㅉ	剉ㅓ		14	韻會ㅝ蒙韻ㅚ	21	過	過
ㅌ	唾ㅓ		14		21	過	過
ㄹ	邏ㅓ		14	今俗音ㅗ	21	過	過

過

正音	俗音	韻會	蒙韻	
ㅝ				7
ㅝ			ㅓ	1
ㅓ		ㅝ	ㅝ	1
ㅓ		ㅝ	ㅚ	1
ㅓ				2

결과 "ㅝ"

중성자 "ㅝ"는 모든 聲調에서 四聲通解의 韻會音이 확인되었다. 이 밖에 임의 추출 표본조사에서도 중성자 "ㅝ"는 확인되었다.

15	牙	雅	訝	"a"	"a"

平聲

洪武正韻譯訓				四聲通解	韻會		
		俗音	韻			禮部	韻會
ㄴ	拏ㅏ		15		06b	牙	牙
ㅂ	巴ㅏ		15		06b	牙	牙
ㅍ	葩ㅏ		15		06b	牙	牙
ㅃ	杷ㅏ		15		06b	牙	牙
ㅁ	麻ㅏ		15		06b	牙	牙
ㅈ	樝ㅏ		15		06b	牙	牙
ㅊ	叉ㅏ		15		06b	牙	牙
ㅉ	槎ㅏ		15		06b	牙	牙
ㅅ	沙ㅏ		15		06b	牙	牙

洪武正韻譯訓				四聲通解	韻會		
		俗音	韻			禮部	韻會
ㅇ	牙ㅑ		15		06b	牙	牙
ㆆ	鴉ㅑ		15		06b	牙	牙

牙

正音	俗音	韻會	蒙韻	
ㅏ				9
ㅑ				2

上聲

洪武正韻譯訓				四聲通解	韻會		
		俗音	韻			禮部	韻會
ㄷ	打ㅏ		15		21	雅	雅
ㅂ	把ㅏ		15		21	雅	雅

ㅁ	馬ㅏ		15		21	雅	雅
ᅐ	鮓ㅏ		15		21	雅	雅
ᅔ	奼ㅏ		15		21	雅	雅
ᄾ	灑ㅏ		15		21	雅	雅

洪武正韻譯訓				四聲通解	韻會		
		俗音	韻			禮部	韻會
ㅇ	雅ㅑ		15		21	雅	雅
ㆆ	啞ㅑ		15		21	雅	雅

雅

正音	俗音	韻會	蒙韻	
ㅏ				6
ㅑ				2

去聲

禡

音	字	四聲通解 韻會音	韻會		
			韻	禮部	字母韻
15穿ᅕㅏ	咤	ᅐㅏ	22	知ᅐ禡	次商淸音ᅐ禡

洪武正韻譯訓				四聲通解	韻會		
		俗音	韻			禮部	韻會
ㅂ	霸ㅏ		15		22	禡	禡
ㅍ	怕ㅏ		15		22	杷:禡	禡
ㅃ	罷ㅏ		15		22	把:禡	禡
ㅁ	禡ㅏ		15		22	禡	禡
ᅔ	詐ㅏ		15		22	禡	禡
ᅔ	咤ㅏ		15		22	禡	禡
ᅑ	乍ㅏ		15		22	禡	禡
ᄾ	嗄ㅏ		15		22	禡	禡

洪武正韻譯訓				四聲通解	韻會		
		俗音	韻			禮部	韻會
ㅇ	訝ㅑ				22	訝	訝
ㆆ	亞ㅑ				22	訝	訝

訝

正音	俗音	韻會	蒙韻	
ㅏ				8
ㅑ				2

결과 "ㅏ"

중성자 "ㅏ"는 去聲 (訝 字母韻)에서 四聲通解의 韻會音이 확인되었다. 이 밖에 임의 추출 표본조사에서도 중성자 "ㅏ"는 확인되었다.

16	嘉	賈	駕	“ia”	“ia”

平聲

嘉

音	字	四聲通解 韻會音	韻會		
			韻	禮部	字母韻
15見ㄱㅑ	迦	ㄱㅑ	06b嘉	見ㄱ嘉	角淸音ㄱ嘉

洪武正韻譯訓				四聲通解	韻會		
		俗音	韻			禮部	韻會
ㄱ	嘉ㅑ		15		06b	嘉	嘉
ㆆ	呀ㅑ		15		06b	嘉	嘉
ㆅ	遐ㅑ		15		06b	嘉	嘉
ㅋ	呿ㅑ		15	蒙韻ㅕ	06b	嘉	嘉

嘉

正音	俗音	韻會	蒙韻	
ㅑ				3
ㅑ			ㅕ	1

上聲

洪武正韻譯訓				四聲通解	韻會		
		俗音	韻			禮部	韻會
ㄱ	賈ㅑ		15		21	賈	賈
ㆅ	下ㅑ		15		21	賈	賈

賈

正音	俗音	韻會	蒙韻	
ㅑ				2

去聲

洪武正韻譯訓				四聲通解	韻會		
		俗音	韻			禮部	韻會
ㄱ	駕ㅑ				22	駕	駕
ㅋ	髂ㅑ				22	駕	駕
ㆆ	罅ㅑ				22	駕	駕
ㆅ	暇ㅑ				22	駕	駕

駕

正音	俗音	韻會	蒙韻	
ㅑ				4

결과 "ㅑ"

중성자 "ㅑ"는 平聲 (嘉 字母韻)에서 四聲通解의 韻會音이 확인되었다. 이 밖에 임의 추출 표본조사에서도 중성자 "ㅑ"는 확인되었다.

17	迦	炧	藉	“ia”	“ɛ”

平聲

迦

音	字	四聲通解 韻會音	韻會		
			韻	禮部	字母韻
15見ㄱㅑ	迦	ㄱㅕ	05b	見ㄱ迦	角淸音ㄱ迦
15群ㄲㅑ	伽	ㄲㅕ	05b	-	角濁淸(sic)迦
16禪ᄿㅕ	蛇	ᄿㅕ	06b	澄ᅑ迦	闍:次商次濁次音ᄿ迦

洪武正韻譯訓				四聲通解	韻會		
		俗音	韻			禮部	韻會
ㄲ	伽ㅑ		15	蒙韻韻會今俗音ㅕ	06b	-	迦

洪武正韻譯訓				四聲通解	韻會		
		俗音	韻			禮部	韻會
ㄲ	茄ㅕ		16		05b	迦:迦	迦
ᄽ	邪ㅕ		16		06b	迦	迦
ᄿ	蛇ㅕ		16		06b	迦	迦
ㅇ	耶ㅕ		16		06b	邪:迦	迦

迦

正音	俗音	韻會	蒙韻	
ㅑ		ㅕ	ㅕ	1
ㅕ				4

上聲

灺

音	字	四聲通解 韻會音	韻會		
			韻	禮部	字母韻
16從ㅈㅕ	灺	ㅆㅕ	21	邪ㅆ灺	商次濁音(ㅆ)灺

洪武正韻譯訓				四聲通解	韻會		
		俗音	韻			禮部	韻會
ㅆ	社ㅕ				21	灺	灺
ㅇ	野ㅕ				21	灺	灺

灺

正音	俗音	韻會	蒙韻	
ㅕ				2

去聲

藉

音	字	四聲通解 韻會音	韻會		
			韻	禮部	字母韻
16邪ㅆㅕ	藉	ㅈㅕ	22	從ㅈ藉	商濁音ㅈ藉

洪武正韻譯訓				四聲通解	韻會		
		俗音	韻			禮部	韻會
ㅆ	謝ㅕ		16		22	藉	藉
ㅆ	射ㅕ		16		22	藉	藉
ㅇ	夜ㅕ		16		22	藉	藉

藉

正音	俗音	韻會	蒙韻	
ㅕ				3

결과 "ㅕ"

중성자 "ㅕ"는 모든 聲調에서 四聲通解의 韻會音이 확인되었다. 이 밖에 임의 추출 표본조사에서도 중성자 "ㅕ"는 확인되었다.

18	嗟	且	借	"ie"	"ε"

平聲

洪武正韻譯訓				四聲通解	韻會		
		俗音	韻			禮部	韻會
ㅈ	嗟ㅕ		16		06b	嗟	嗟
ㅅ	些ㅕ		16		06b	嗟	嗟
ㅈ	遮ㅕ		16		06b	嗟	嗟
ㅊ	車ㅕ		16		06b	嗟	嗟
ㅅ	奢ㅕ		16		06b	嗟	嗟

嗟

正音	俗音	韻會	蒙韻	
ㅕ				5

上聲

洪武正韻譯訓				四聲通解	韻會		
		俗音	韻			禮部	韻會
ㅈ	姐ㅕ		16		21	且	且
ㅊ	且ㅕ		16		21	且	且
ㅅ	寫ㅕ		16		21	且	且
ㅈ	者ㅕ		16		21	且	且
ㅊ	奲ㅕ		16		21	且	且
ㅅ	捨ㅕ		16		21	且	且
ㅿ	惹ㅕ		16		21	且	且

且

正音	俗音	韻會	蒙韻	
ㅕ				7

去聲

洪武正韻譯訓				四聲通解	韻會		
		俗音	韻			禮部	韻會
ㅈ	借ㅕ		16		22	借	借
ㅅ	瀉ㅕ		16		22	卸:借	借
ㅊ	蔗ㅕ		16		22	柘:借	借
ㅅ	舍ㅕ		16		22	借	借

借

正音	俗音	韻會	蒙韻	
ㅕ				4

결과 "ㅕ"

임의 추출 표본조사를 통해 중성자 "ㅕ"로 확정했을 것이라 예측할 수 있다.

19	瓜	寡	跨	“ua”	“ua”

平聲

瓜

音	字	四聲通解 韻會音	韻會		
			韻	禮部	字母韻
15影ㆆㅘ	洼	ㆆㅘ	06b窊	影ㆆ瓜	羽淸音ㆆ瓜
15見ㄱㅘ	媧	ㄱㅘ	06b瓜	見ㄱ瓜	角淸音ㄱ瓜

媧와 洼는 四聲通解에 따르면 韻會音에 두 音을 가진다: 媧: “ㄱㅙ”과 “ㄱㅘ”; 洼: “ㆆㅘ”과 “ㆆㅒ”.

洪武正韻譯訓				四聲通解	韻會		
		俗音	韻			禮部	韻會
ㄱ	瓜ㅘ		15		06b	瓜	瓜
ㅋ	誇ㅘ		15		06b	瓜	瓜
ㅈ	檛ㅘ		15		06b	-	瓜
ㆆ	窊ㅘ		15		06b	瓜	瓜
ㅎ	花ㅘ		15		06b	瓜	瓜
ㆅ	華ㅘ		15		06b	瓜	瓜

瓜

正音	俗音	韻會	蒙韻	
ㅘ				6

上聲

洪武正韻譯訓				四聲通解	韻會		
		俗音	韻			禮部	韻會
ㄱ	寡나		15		21	寡	寡
ㅋ	跨나		15		21	髁:寡	寡
ㆁ	瓦나		15		21	寡	寡
ㆅ	踝나		15		21	寡	寡

寡

正音	俗音	韻會	蒙韻	
나				4

去聲

洪武正韻譯訓				四聲通解	韻會		
		俗音	韻			禮部	韻會
ㅋ	跨나		15		22	跨	跨
ㅎ	化나		15		22	跨	跨

跨

正音	俗音	韻會	蒙韻	
나				2

결과 "나"

중성자 "나"는 平聲 (瓜 字母韻)에서 四聲通解의 韻會音이 확인되었다. 이 밖에 임의 추출 표본조사에서도 중성자 "나"는 확인되었다.

20	瘸			"ye"	"uɛ"

平聲

洪武正韻譯訓				四聲通解	韻會		
		俗音	韻			禮部	韻會
ㄲ	瘸ᅋ		16		05b	瘸	瘸
ㆅ	靴ᅋ		16		06b	鞾:瘸	瘸

瘸

正音	俗音	韻會	蒙韻	
ᅋ				2

결과 "ᅋ"

임의 추출 표본조사를 통해 중성자 "ᅋ"로 확정했을 것이라 예측할 수 있다.

7.2.4. 종성 “n”을 가진 字母韻

일련 번호	字母韻 (平聲)	字母韻 (上聲)	字母韻 (去聲)	竺家寧(1986)의 音	朁喜武(1996)의 音
1	干	笴	旰	“a”	“a”
2	間	簡	諫	“ia”	“ia”
3	鞬	蹇	建	“ie”	“ɛ”
4	堅	繭	見	“ie”	“ɛ”
5	賢	峴	現	“ie”	“ɛ”
6	官	管	貫	“o”	“o”
7	關	撰	慣	“ua”	“ua”
8	涓	畎	睊	“ye”	“uɛ”
9	卷	卷	欒	“ya”	“uɛ”
10	根	懇	艮	“ə”	“ə”
11	巾	謹	靳	“iə”	“iə”
12	欣	緊	焮	“i”	“iə”
13	昆, 分	衮	睔	“uə”	“uə”
14	鈞	稛	攈	“yə”	“iuə”
15	筠, 雲	隕	運	“y”	“iuə”

朁喜武(1996)은 다음 세 개의 字母韻을 포함하지 않았다: 緊(12 上聲), 分(13 平聲), 雲(15 平聲).

1	干	笴	旰	"a"	"a"

平聲

干

音	字	四聲通解 韻會音	韻會		
			韻	禮部	字母韻
10審ㅅㅏㄴ	珊	ㅅㅏㄴ	14a	心ㅅ干	商次淸音ㅊ干
10影ㆆㅑㄴ	殷	ㆆㅏㄴ	15a黫	幺ㆆ干	羽濁音ㆅ干

洪武正韻譯訓				四聲通解	韻會		
		俗音	韻			禮部	韻會
ㄷ	單ㅏ		10		14a	干	干
ㅌ	灘ㅏ		10		14a	干	干
ㄸ	壇ㅏ		10		14a	干	干
ㄴ	難ㅏ		10		14a	干	干
ㅂ	斒ㅏ		10		15a	班:干	干
ㅂ	班ㅏ		10		15a	干	干
ㅁ	蠻ㅏ		10		15a	瓣:干	干
ㅊ	餐ㅏ		10		14a	干	干
ㅉ	殘ㅏ		10		14a	戔:干	干
ㅅ	散ㅏ		10		14a	珊:干	干
ㅉ	潺ㅏ		10		15a	干	干
ㅅ	刪ㅏ		10		15a	干	干
ㄹ	爛ㅏ		10		15a	干	干
ㄹ	闌ㅏ		10		14a	干	干
ㅍ	攀ㅏ		10	俗音ㅓ	15a	干	干

洪武正韻譯訓				四聲通解	韻會		
		俗音	韻			禮部	韻會
ㅇ	顔ㅑ		10	今俗俱呼ㅕ	15a	干	干

洪武正韻譯訓				四聲通解	韻會		
		俗音	韻			禮部	韻會
ㅸ	翻놔		10	俗音蒙音ㅏ	13a	干	干
ㅹ	煩놔		10	俗音蒙音ㅏ	13a	干	干
ㆅ	湲놔		10		15a	干	干

洪武正韻譯訓				四聲通解	韻會		
		俗音	韻			禮部	韻會
ㄱ	干ㅓ	ㅏ	09	俗音蒙韻ㅏ	14a	干	干
ㅋ	看ㅓ	ㅏ	09	俗音蒙韻ㅏ	14a	干	干
ㅇ	豻ㅓ	ㅏ	09	俗音蒙韻ㅏ	14a	寒:干	干
ㆆ	安ㅓ	ㅏ	09	俗音蒙韻ㅏ	14a	干	干
ㆅ	寒ㅓ	ㅏ	09	俗音蒙韻ㅏ	14a	干	干

干

正音	俗音	韻會	蒙韻	
ㅏ				14
ㅏ	ㅓ			1
ㅑ				1
놔	ㅏ		ㅏ	2
놔				1
ㅓ	ㅏ		ㅏ	5

上聲

笴

音	字	四聲通解 韻會音	韻會		
			韻	禮部	字母韻
10從ᅏㅏㄴ	棧	ᅑㅏㄴ	15	澄ᅑ笴	次商濁音ᅑ笴
10穿ᅕㅏㄴ	産	ᄾㅏㄴ	15	審ᄾ笴	次商次清次ᄾ笴
10非ㅸ놔ㄴ	飯	ㅹㅏㄴ	13輪	奉ㅹ笴	次宮濁音ㅹ笴

洪武正韻譯訓				四聲通解	韻會		
		俗音	韻			禮部	韻會
ㄷ	亶ㅏ		10		14	笴	笴
ㅌ	坦ㅏ		10		14	笴	笴
ㄸ	但ㅏ		10		14	笴	笴
ㄴ	赧ㅏ		10		15	笴	笴
ㅂ	版ㅏ		10		15	笴	笴
ㅍ	眅ㅏ		10		15	笴	笴
ᅏ	瓚ㅏ		10		14	笴	笴
ᅏ	棧ㅏ		10		14	笴	笴
ᄼ	散ㅏ		10		14	笴	笴
ᅎ	醆ㅏ		10		15	笴	笴
ᅔ	産ㅏ		10		15	笴	笴
ㄹ	嬾ㅏ		10		14	笴	笴
ᄾ	潸ㅏ		10		15	笴	笴

洪武正韻譯訓				四聲通解	韻會		
		俗音	韻			禮部	韻會
ㆁ	眼ㅑ		10	今俗俱呼ㅕ	15	笴	笴

洪武正韻譯訓				四聲通解	韻會		
		俗音	韻			禮部	韻會
ㅱ	晩ᅪ		10	蒙音ㅏ	13	笴	笴
ㅸ	返ᅪ	ㅏ	10		13	反:笴	笴

洪武正韻譯訓				四聲通解	韻會		
		俗音	韻			禮部	韻會
ㄱ	稈ㅓ	ㅏ	09	俗音蒙韻ㅏ	14	笴:笴	笴
ㅋ	侃ㅓ	ㅏ	09	俗音蒙韻ㅏ	14	笴	笴
ㅎ	罕ㅓ	ㅏ	09	俗音蒙韻ㅏ	14	笴	笴
ㆅ	旱ㅓ	ㅏ	09	俗音蒙韻ㅏ	14	笴	笴

笴

正音	俗音	韻會	蒙韻	
ㅏ				13
ㅑ				1
ㅘ			ㅏ	1
ㅘ				1
ㅓ	ㅏ		ㅏ	4

去聲

旰

音	字	四聲通解 韻會音	韻會		
			韻	禮部	字母韻
10匣ㆅㅘㄴ	骭	ㆅㅏㄴ	15旰	見ㄱ旰	角淸音ㄱ旰

洪武正韻譯訓				四聲通解	韻會		
		俗音	韻			禮部	韻會
ㄷ	旦ㅏ		10		15	旰	旰
ㅌ	炭ㅏ		10		15	旰	旰
ㄸ	憚ㅏ		10		15	旰	旰
ㄴ	難ㅏ		10		15	旰	旰
ㅍ	盼ㅏ		10		16	旰	旰
ㅍ	襻ㅏ		10		16	旰	旰
ㅃ	瓣ㅏ		10		16	旰	旰
ㅁ	慢ㅏ		10		16	旰	旰
ᅎ	贊ㅏ		10		15	旰	旰
ᅔ	粲ㅏ		10		15	旰	旰
ᅏ	瓚ㅏ		10		15	旰	旰
ᄼ	散ㅏ		10		15	旰	旰
ᅕ	鏟ㅏ		10		16	旰	旰
ᅑ	棧ㅏ		10		16	旰	旰
ᅑ	綻ㅏ		10		16	旰	旰
ᄾ	訕ㅏ		10		16	旰	旰
ㄹ	爛ㅏ		10		15	旰	旰

洪武正韻譯訓				四聲通解	韻會		
		俗音	韻			禮部	韻會
ㆆ	晏ㅑ		10	韻會音與按同	16	旰	旰
ㆁ	鴈ㅑ		10	今俗俱呼ㅕ	16	旰	旰

洪武正韻譯訓				四聲通解	韻會		
		俗音	韻			禮部	韻會
ㅸ	販ᅪ	ㅏ	10		14	旰	旰
ㅱ	萬ᅪ		10		14	旰	旰
ㅹ	飯ᅪ		10	俗音蒙音ㅏ	14	旰	旰
ㆅ	骭ᅪ		10	蒙韻ㅑ韻會ㅏ	16	旰	旰

洪武正韻譯訓				四聲通解	韻會		
		俗音	韻			禮部	韻會
ㄱ	榦ㅓ	ㅏ	09	俗音蒙韻ㅏ	15	旰:旰	旰
ㅋ	看ㅓ	ㅏ	09	俗音蒙韻ㅏ	15	旰	旰
ㆁ	岸ㅓ	ㅏ	09	俗音蒙韻ㅏ	15	旰	旰
ㆆ	按ㅓ	ㅏ	09	俗音蒙韻ㅏ	15	旰	旰
ㅎ	漢ㅓ	ㅏ	09	俗音蒙韻ㅏ	15	旰	旰
ㆅ	翰ㅓ	ㅏ	09	俗音蒙韻ㅏ	15	旰	旰

旰

正音	俗音	韻會	蒙韻	
ㅏ				17
ㅑ		韻會音與按同		1
ㅑ				1
ㅘ				2
ㅘ	ㅏ		ㅏ	1
ㅘ		ㅏ	ㅑ	1
ㅓ	ㅏ		ㅏ	6

결과 "ㅏ"

중성자 "ㅏ"는 모든 聲調에서 四聲通解의 韻會音이 확인되었다. 이 밖에 임의 추출 표본조사에서도 중성자 "ㅏ"는 확인되었다.

2	間	簡	諫	"ia"	"ia"

平聲

洪武正韻譯訓				四聲通解	韻會		
		俗音	韻			禮部	韻會
ㄱ	姦ㅑ		10		15a	間	間
ㅋ	慳ㅑ		10		15a	間	間

間

正音	俗音	韻會	蒙韻	
ㅑ				2

上聲

洪武正韻譯訓				四聲通解	韻會		
		俗音	韻			禮部	韻會
ㄱ	簡ㅑ		10		15	簡	簡
ㆅ	限ㅑ		10		15	簡	簡

簡

正音	俗音	韻會	蒙韻	
ㅑ				2

去聲

洪武正韻譯訓				四聲通解	韻會		
		俗音	韻			禮部	韻會
ㄱ	諫ㅑ		10		16	諫	諫
ㄱ	諫ㅑ		10		16	諫	諫

諫

正音	俗音	韻會	蒙韻	
ㅑ				2

결과 "ㅑ"

임의 추출 표본조사를 통해 중성자 "ㅑ"로 확정했을 것이라 예측할 수 있다.

3	鞬	寒	建	“ie”	“ɛ”

平聲

鞬

音	字	四聲通解 韻會音	韻會		
			韻	禮部	字母韻
11滂ㅍㅕㄴ	蹁	ㅃㅕㄴ	01b緶	竝ㅃ鞬	宮濁音ㅃ鞬
11牀ᅑㅕㄴ	單	ᄿㅕㄴ	01b鋋	禪ᄿ鞬	次商次濁次音ᄿ鞬
11喩ㅇㅕㄴ	妍	ㆁㅕㄴ	01b	喩ㅇ鞬	角次濁音ㆁ(!)鞬

洪武正韻譯訓				四聲通解	韻會		
		俗音	韻			禮部	韻會
ㄲ	乾ㅕ		11		01b	鞬	鞬
ㄷ	顚ㅕ		11		01b	鞬	鞬
ㅌ	天ㅕ		11		01b	鞬	鞬
ㄸ	田ㅕ		11		01b	鞬	鞬
ㄴ	年ㅕ		11		01b	鞬	鞬
ㅃ	緶ㅕ		11		01b	鞬	鞬
ㅁ	眠ㅕ		11		01b	鞬	鞬
ᅏ	前ㅕ		11		01b	鞬	鞬
ᄽ	涎ㅕ		11		01b	鞬	鞬
ᅔ	梴ㅕ		11		01b	鞬	鞬
ᅑ	潺ㅕ		11		01b	鞬	鞬
ᅑ	蟬ㅕ		11		01b	鋋:鞬	鞬
ᄿ	鋋ㅕ		11		01b	鞬	鞬
ㅇ	延ㅕ		11		01b	鞬	鞬
ㄹ	蓮ㅕ		11		01b	鞬	鞬
ㅿ	然ㅕ		11		01b	鞬	鞬

鞬

正音	俗音	韻會	蒙韻	
ㅕ				16

上聲

蹇

音	字	四聲通解 韻會音	韻會		
			韻	禮部	字母韻
11禪ᄿㅕㄴ	熯	ㅿㅕㄴ	16	日ㅿ蹇	半徵商音ㅿ蹇

洪武正韻譯訓				四聲通解	韻會		
		俗音	韻			禮部	韻會
ㄱ	蹇ㅕ		11		16	蹇	蹇
ㄲ	鍵ㅕ		11		16	蹇	蹇
ㄷ	典ㅕ		11		16	蹇	蹇
ㅌ	腆ㅕ		11		16	蹇	蹇
ㄸ	殄ㅕ		11		16	蹇	蹇
ㄴ	撚ㅕ		11		16	涊:蹇	蹇
ㅁ	免ㅕ		11		16	蹇	蹇
ᄽ	踐ㅕ		11		16	蹇	蹇
ᄿ	善ㅕ		11		16	蹇	蹇
ㅇ	衍ㅕ		11		16	蹇	蹇

蹇

正音	俗音	韻會	蒙韻	
ㅕ				10

去聲

建

音	字	四聲通解 韻會音	韻會		
			韻	禮部	字母韻
匣ㆅㅕㄴ	晛	亦音ㄴㅕㄴ	17	-	徵次濁音ㄴ建
喩ㅇㅕㄴ	彦	ㅇㅕㄴ	17	疑ㆁ建	角次濁次音(ㆁ)建

洪武正韻譯訓				四聲通解	韻會		
		俗音	韻			禮部	韻會
ㄱ	建ㅕ		11		14	建	建
ㅋ	譴ㅕ		11		17	建	建
ㄲ	健ㅕ		11		14	建	建
ㄷ	殿ㅕ		11		17	建	建
ㅌ	瑱ㅕ		11		17	建	建
ㄸ	電ㅕ		11		17	建	建
ㅃ	便ㅕ		11		17	建	建
ㅁ	麪(麵)ㅕ		11		17	面:建	建
ᄽ	羨ㅕ		11		17	建	建
ᅏ	纏ㅕ		11		17	建	建
ᄿ	繕ㅕ		11		17	建	建
ㆁ	硯ㅕ		11		17	建	建
ㄹ	練ㅕ		11		17	建	建

建

正音	俗音	韻會	蒙韻	
ㅕ				13

결과 "ㅕ"

중성자 "ㅕ"는 모든 聲調에서 四聲通解의 韻會音이 확인되었다. 이 밖에 임의 추출 표본조사에서도 중성자 "ㅕ"는 확인되었다.

4	堅	繭	見	“ie”	“ɛ”

平聲

堅

音	字	四聲通解 韻會音	韻會		
			韻	禮部	字母韻
10影ㆆㅑㄴ	殷	又…ㅇㅕㄴ	1b煙	乡ㆆ堅	羽淸次音(ㆅ)堅

洪武正韻譯訓				四聲通解	韻會		
		俗音	韻			禮部	韻會
ㄱ	堅ㅕ		11		01b	堅	堅
ㅋ	牽ㅕ		11		01b	堅	堅
ㅂ	邊ㅕ		11		01b	堅	堅
ㅍ	篇ㅕ		11		01b	堅	堅
ㅈ	箋ㅕ		11		01b	堅	堅
ㅊ	千ㅕ		11		01b	堅	堅
ㅅ	先ㅕ		11		01b	堅	堅
ㅈ	饘ㅕ		11		01b	-	堅
ㅅ	羶ㅕ		11		01b	堅	堅
ㆆ	煙ㅕ		11		01b	堅	堅
ㅎ	軒ㅕ		11		13a	堅	堅

堅

正音	俗音	韻會	蒙韻	
ㅕ				11

上聲

洪武正韻譯訓				四聲通解	韻會		
		俗音	韻			禮部	韻會
ㄱ	繭ㅕ		11		16	繭	繭
ㅋ	遣ㅕ		11		16	繭	繭
ㆁ	巘ㅕ		11		16	繭	繭
ㄴ	輾ㅕ		11		16	繭	繭
ㅂ	扁ㅕ		11		16	繭	繭
ㅃ	辮ㅕ		11		16	辯:繭	繭
ᅎ	翦ㅕ		11		16	繭	繭
ᅔ	淺ㅕ		11		16	繭	繭
ᄼ	銑ㅕ		11		16	繭	繭
ᅐ	展ㅕ		11		16	繭	繭
ᅕ	闡ㅕ		11		16	繭	繭
ㆆ	偃ㅕ		11		13	演:繭	繭
ㅎ	顯ㅕ		11		16	繭	繭

繭

正音	俗音	韻會	蒙韻	
ㅕ				13

去聲

洪武正韻譯訓				四聲通解	韻會		
		俗音	韻			禮部	韻會
ㅂ	徧ㅕ		11		17	見	見
ㅍ	片ㅕ		11		17	見	見
ᅎ	薦ㅕ		11		17	見	見
ᅔ	蒨ㅕ		11		17	見	見
ᅏ	荐ㅕ		11		17	見	見
ᅏ	賤ㅕ		11		17	見	見
ᄼ	霰ㅕ		11		17	見	見
ᅐ	戰ㅕ		11		17	見	見

ㅊ	繟ㅕ		11		17	見	見
ㅅ	扇ㅕ		11		17	見	見
ㆆ	宴ㅕ		11		17	見	見
ㅎ	獻ㅕ		11		14	見	見

洪武正韻譯訓				四聲通解	韻會		
		俗音	韻			禮部	韻會
ㅊ	縓ㆊ		11		17	見	見

見

正音	俗音	韻會	蒙韻	
ㅕ				12
ㆊ				1

결과 "ㅕ"

중성자 "ㅕ"는 平聲 (堅 字母韻)에서 四聲通解의 韻會音이 확인되었다. 이 밖에 임의 추출 표본조사에서도 중성자 "ㅕ"는 확인되었다.

5	賢	峴	現	"ie"	"ɛ"

平聲

洪武正韻譯訓				四聲通解	韻會		
		俗音	韻			禮部	韻會
ㆅ	賢ㅕ				01b	賢	賢

賢

正音	俗音	韻會	蒙韻	
ㅕ				1

上聲

洪武正韻譯訓				四聲通解	韻會		
		俗音	韻			禮部	韻會
ㆅ	峴ㅕ		11		16	峴	峴

峴

正音	俗音	韻會	蒙韻	
ㅕ				1

去聲

洪武正韻譯訓				四聲通解	韻會		
		俗音	韻			禮部	韻會
ㆅ	現ㅕ		11		17	現	現

現

正音	俗音	韻會	蒙韻	
ㅕ				1

결과 "ㅕ"

임의 추출 표본조사를 통해 중성자 "ㅕ"로 확정했을 것이라 예측할 수 있다.

6	官	管	貫	"ㅇ"	"ㅇ"

平聲

洪武正韻譯訓				四聲通解	韻會		
		俗音	韻			禮部	韻會
ㄱ	官궈		09	蒙韻궈	14a	官	官
ㅋ	寬궈		09	蒙韻궈	14a	官	官
ㆁ	岏궈		09	蒙韻궈	14a	官	官
ㄷ	端궈		09	蒙韻궈	14a	官	官
ㅌ	湍궈		09	蒙韻궈	14a	官	官
ㄸ	團궈		09	蒙韻궈	14a	官	官
ㅈ	鑽궈		09	蒙韻궈	14a	官	官
ㅉ	欑궈		09	蒙韻궈	14a	官	官
ㅅ	酸궈		09	蒙韻궈	14a	官	官
ㆆ	剜궈		09	蒙韻궈	14a	官	官
ㅎ	歡궈		09	蒙韻궈	14a	官	官
ㆅ	桓궈		09	蒙韻궈	14a	官	官
ㄹ	鸞궈		09	蒙韻궈	14a	官	官
ㅂ	般궈		09	蒙韻궈俗音ㅓ	14a	般:官	官
ㅍ	潘궈		09	俗音ㅓ蒙韻궈	14a	官	官
ㅃ	槃(盤)궈	ㅓ	09	俗音ㅓ蒙韻궈	14a	官	官
ㅁ	瞞궈	ㅓ	09	俗音ㅓ蒙韻궈	14a	官	官

官

正音	俗音	韻會	蒙韻	
궈			궈	13
궈	ㅓ		궈	4

上聲

管

音	字	四聲通解 韻會音	韻會		
			韻	禮部	字母韻
10精ㅈㅏㄴ	儹	ㅈㅓㄴ	14纂	精ㅈ管	商淸音ㅈ管

洪武正韻譯訓				四聲通解	韻會		
		俗音	韻			禮部	韻會
ㄱ	管ㅝ		09	蒙韻ㅘ	14	管	管
ㅋ	款ㅝ	ㅏ	09	蒙韻ㅘ	14	管:管	管
ㄷ	短ㅝ		09	蒙韻ㅘ	14	管	管
ㅌ	疃ㅝ		09	蒙韻ㅘ	14	管	管
ㄸ	斷ㅝ		09	蒙韻ㅘ	14	管	管
ㄴ	煖ㅝ		09	蒙韻ㅘ	14	管	管
ㅈ	纂ㅝ		09	蒙韻ㅘ	14	管	管
ㅅ	算ㅝ		09	蒙韻ㅘ	14	管	管
ㆆ	盌ㅝ		09	蒙韻ㅘ	14	管	管
ㆆ	緩ㅝ		09	蒙韻ㅘ	14	管	管
ㄹ	卵ㅝ		09	蒙韻ㅘ	14	管	管
ㅃ	伴ㅝ	ㅓ	09	俗音ㅓ蒙韻ㅘ	14	管	管
ㅁ	滿ㅝ	ㅓ	09	俗音ㅓ蒙韻ㅘ	14	管	管

洪武正韻譯訓				四聲通解	韻會		
		俗音	韻			禮部	韻會
ㅈ	儹ㅏ		10	蒙韻ㅘ 韻會集韻ㅝ	14	纂:管	管

管

正音	俗音	韻會	蒙韻	
ㅝ			ㅘ	11
ㅝ	ㅓ		ㅘ	2
ㅏ		ㅝ	ㅘ	1

去聲

貫

音	字	四聲通解 韻會音	韻會		
			韻	禮部	字母韻
10影ㆆ나ㄴ	脘	ㆆ너ㄴ	15惋	影ㆆ貫	羽淸音ㆆ貫

洪武正韻譯訓				四聲通解	韻會		
		俗音	韻			禮部	韻會
ㄱ	貫궈		09	蒙韻ㄱ	15	貫	貫
ㆁ	玩궈		09	蒙韻ㄱ	15	貫	貫
ㄷ	鍛궈		09	蒙韻ㄱ	15	貫	貫
ㄸ	彖궈		09	蒙韻ㄱ	15	貫	貫
ㄸ	段궈		09	蒙韻ㄱ	15	貫	貫
ㄴ	愞궈		09	蒙韻ㄱ	15	貫	貫
ㅈ	鑽궈		09	蒙韻ㄱ	15	貫	貫
ㅊ	竄궈		09	蒙韻ㄱ (洪武ㅓ)	15	貫	貫
ㅉ	攢궈		09	蒙韻ㄱ	15	貫	貫
ㅅ	筭궈		09	蒙韻ㄱ	15	貫	貫
ㅎ	喚궈		09	蒙韻ㄱ	15	貫	貫
ㆅ	换궈		09	蒙韻ㄱ	15	貫	貫
ㄹ	亂궈		09	蒙韻ㄱ	15	貫	貫
ㅂ	半궈	ㅓ	09	蒙韻ㄱ俗音ㅓ	15	貫	貫
ㅍ	判궈	ㅓ	09	俗音ㅓ蒙韻ㄱ	15	貫	貫
ㅃ	畔궈	ㅓ	09	俗音ㅓ蒙韻ㄱ	15	貫	貫
ㅁ	縵궈	ㅓ	09	俗音ㅓ蒙韻ㄱ	15	貫	貫

洪武正韻譯訓				四聲通解	韻會		
		俗音	韻			禮部	韻會
ㆆ	腕놔		10	蒙韻ㄱ韻會궈	15	惋:貫	貫

貫

正音	俗音	韻會	蒙韻	
궈			고	13
궈	ㅓ		고	4
놔		궈	고	1

결과 "궈"

중성자 "궈"는 上聲 (管 字母韻)과 去聲 (貫 字母韻)에서 四聲通解의 韻會音이 확인되었다. 이 밖에 임의 추출 표본조사에서도 중성자 "궈"는 확인되었다.

7	關	撰	慣	"ua"	"ua"

平聲

洪武正韻譯訓				四聲通解	韻會		
		俗音	韻			禮部	韻會
ㄱ	關놔			今俗音궈	15a	關	關
ㆁ	頑놔				15a	關	關
ㅈ	跧놔				15a	關	關
ㆆ	彎놔				15a	關	關
ㆅ	還놔				15a	關	關

關

正音	俗音	韻會	蒙韻	
놔				5

上聲

音	字	四聲通解 韻會音	韻會		
			韻	禮部	字母韻
09匣ㆅ궈ㄴ	皖	ㆅ놔ㄴ	15 睅	匣ㆅ撰	羽次濁次撰音(ㆅ)撰

洪武正韻譯訓				四聲通解	韻會		
		俗音	韻			禮部	韻會
ㅉ	撰ㅏ	놔		俗音蒙音놔	15	撰	撰

洪武正韻譯訓				四聲通解	韻會		
		俗音	韻			禮部	韻會
ㆆ	綰놔		10		15	撰	撰

洪武正韻譯訓				四聲通解	韻會		
		俗音	韻			禮部	韻會
ㅉ	撰ㅕ		11	蒙韻ㅘ集成ㅟ	16	撰	撰

撰

正音	俗音	韻會	蒙韻	
ㅏ	ㅘ		ㅘ	1
ㅘ				1
ㅕ			ㅘ	1

去聲

慣

音	字	四聲通解 韻會音	韻會		
			韻	禮部	字母韻
11牀ㅉㅟㄴ	饌	ㅉㅘㄴ	17	澄ㅉ慣	次商濁音ㅉ慣

洪武正韻譯訓				四聲通解	韻會		
		俗音	韻			禮部	韻會
ㄱ	慣ㅘ		10		16	慣	慣
ㅇ	薍ㅘ		10		16	慣	慣
ㅊ	篡ㅘ		10		16	慣	慣
ㆅ	患ㅘ		10		16	慣	慣

洪武正韻譯訓				四聲通解	韻會		
		俗音	韻			禮部	韻會
ㅉ	饌ㅟ			蒙韻ㅕ韻會ㅘ	17	慣	慣

慣

正音	俗音	韻會	蒙韻	
ㅘ				4
ㅟ		ㅘ	ㅕ	1

결과 "ㅘ"

중성자 "ㅘ"는 上聲 (撰 字母韻)과 去聲 (慣 字母韻)에서 四聲通解의 韻會音이 확인되었다. 이 밖에 임의 추출 표본조사에서도 중성자 "ㅘ"는 확인되었다.

8	涓	畎	睊	“ye”	“uɛ”

平聲

涓

音	字	四聲通解 韻會音	韻會		
			韻	禮部	字母韻
11喩ㅇㅕㄴ	沿	[ㅇㆊㄴ]	01b	喩ㅇ涓	羽濁音ㆅ涓
11牀ㅉㆊㄴ	遄	ㅆㆊㄴ	01b	禪ㅆ涓	次商次濁音(ㅆ)涓

洪武正韻譯訓				四聲通解	韻會		
		俗音	韻			禮部	韻會
ㄱ	涓ㆊ		11		01b	涓	涓
ㄲ	權ㆊ		11		01b	涓	涓
ᅎ	鐫ㆊ		11		01b	涓	涓
ᅔ	詮ㆊ		11		01b	涓	涓
ᅏ	全ㆊ		11		01b	涓	涓
ᄼ	宣ㆊ		11		01b	涓	涓
ᄽ	旋ㆊ		11		01b	涓	涓
ᅐ	專ㆊ		11		01b	涓	涓
ᅕ	穿ㆊ		11		01b	涓	涓
ᅑ	椽ㆊ		11		01b	涓	涓
ㆆ	淵ㆊ		11		01b	涓	涓
ㅎ	暄ㆊ		11		01b	涓	涓
ㆅ	玄ㆊ		11		01b	涓	涓
ㅇ	員ㆊ		11		01b	涓	涓
ㅿ	瞤ㆊ		11		01b	涓	涓

涓

正音	俗音	韻會	蒙韻	
껴				15

上聲

畎

音	字	四聲通解 韻會音	韻會		
			韻	禮部	字母韻
喻ㅇㅕㄴ	兖	ㅇᆑㄴ	16沇	喻ㅇ畎	羽次濁音ㅇ畎

洪武正韻譯訓				四聲通解	韻會		
		俗音	韻			禮部	韻會
ㄱ	畎ᆑ		11		16	畎	畎
ㅋ	犬ᆑ		11		16	畎	畎
ㄲ	圈ᆑ		11		16	卷:畎	畎
ㆁ	阮ᆑ		11		13	畎	畎
ㅉ	雋ᆑ		11		16	畎	畎
ㅅ	選ᆑ		11		16	畎	畎
ㅈ	剸ᆑ		11		16	轉:畎	畎
ㅊ	舛ᆑ		11		16	畎	畎
ㅉ	篆ᆑ		11		16	畎	畎
ㆆ	宛ᆑ		11		13	畎	畎
ㅎ	烜ᆑ		11		16	畎	畎
ㆅ	泫ᆑ		11		16	畎	畎
ㅿ	輭ᆑ		11		16	耎:畎	畎

畎

正音	俗音	韻會	蒙韻	
껴				13

去聲

眲

音	字	四聲通解 韻會音	韻會		
			韻	禮部	字母韻
喩ㅇㅕㄴ	掾	ㅇㆋㄴ	17	-	羽次濁音ㅇ眲

洪武正韻譯訓				四聲通解	韻會		
		俗音	韻			禮部	韻會
ㄱ	絹ㆋ		11		17	眲	眲
ㄲ	倦ㆋ		11		17	眲	眲
ㅅ	選ㆋ		11		17	眲	眲
ㅆ	旋ㆋ		11		17	眲	眲
ㅈ	囀ㆋ		11		17	眲	眲
ㅊ	釧ㆋ		11		17	眲	眲
ㅉ	傳ㆋ		11		17	眲	眲
ㅎ	絢ㆋ		11		17	眲	眲
ㆅ	眩ㆋ		11		17	縣:眲	眲
ㅿ	瞤ㆋ		11		17	眲	眲
ㅇ	願ㆋ		11		14	眲	眲

洪武正韻譯訓				四聲通解	韻會		
		俗音	韻			禮部	韻會
ㄴ	碾ㅕ		11		17	輾:眲	眲

眲

正音	俗音	韻會	蒙韻	
ㆋ				11
ㅕ				1

결과 "껴"

중성자 "껴"는 모든 聲調에서 四聲通解의 韻會音이 확인되었다. 이 밖에 임의 추출 표본조사에서도 중성자 "껴"는 확인되었다.

9	卷	卷	孿	"ya"	"uɛ"

平聲

卷

音	字	四聲通解 韻會音	韻會		
			韻	禮部	字母韻
11來ㄹㆊㄴ	孿	ㄹㆇㄴ	01b	來ㄹ卷	半徵商音ㄹ卷

洪武正韻譯訓				四聲通解	韻會		
		俗音	韻			禮部	韻會
ㄹ	孿ㆊ			蒙韻韻會ㆇ	01b	卷	卷
ㅋ	圈ㆊ				01b	卷	卷

卷

正音	俗音	韻會	蒙韻	
ㆊ		ㆇ	ㆇ	1
ㆊ				1

上聲

卷

音	字	四聲通解 韻會音	韻會		
			韻	禮部	字母韻
11來ㄹㆊㄴ	臠	ㄹㆇㄴ	16	來ㄹ卷	半徵商音ㄹ卷

洪武正韻譯訓				四聲通解	韻會		
		俗音	韻			禮部	韻會
ㄹ	臠ㆊ		11	蒙韻韻會ㆇ	16	卷	卷
ㄱ	卷ㆊ		11	蒙韻ㆇ	16	卷	卷

卷

正音	俗音	韻會	蒙韻	
ㆀㅕ		ㄱㅓ	ㄱㅓ	1
ㆀㅕ			ㄱㅓ	1

去聲

洪武正韻譯訓				四聲通解	韻會		
		俗音	韻			禮部	韻會
ㅋ	劵ㆀㅕ		11	卷: 蒙韻ㄱㅓ	14	孌	孌
ㄹ	戀ㆀㅕ		11		17	孌	孌

孿

正音	俗音	韻會	蒙韻	
ㆀㅕ			ㄱㅓ	1
ㆀㅕ				1

孿은 ㄱㅓ 蒙韻音을 가진다.

결과 "ㄱㅓ"

중성자 "ㄱㅓ"는 平聲 (卷 字母韻)과 上聲 (卷 字母韻)에서 四聲通解의 韻會音이 확인되었다. 이 밖에 임의 추출 표본조사에서도 중성자 "ㄱㅓ"는 확인되었다.

10	根	懇	艮	"ə"	"ə"

平聲

洪武正韻譯訓				四聲通解	韻會		
		俗音	韻			禮部	韻會
ㄱ	根ㅡ		08		13a	根	根
ㆁ	垠ㅡ		08		13a	根	根
ᅎ	臻ㅡ		08		11a	根	根
ᅏ	榛ㅡ		08		11a	根	根
ᄼ	莘ㅡ		08		11a	根	根
ㆆ	恩ㅡ		08		13a	根	根

根

正音	俗音	韻會	蒙韻	
ㅡ				6

上聲

洪武正韻譯訓				四聲通解	韻會		
		俗音	韻			禮部	韻會
ㅋ	懇ㅡ		08		13	懇	懇

懇

正音	俗音	韻會	蒙韻	
ㅡ				1

去聲

洪武正韻譯訓				四聲通解	韻會		
		俗音	韻			禮部	韻會
ㄱ	艮ㅡ		08		14	艮	艮
ᄎ	藽ㅡ		08		12	櫬:艮	艮

艮ㅡ

正音	俗音	韻會	蒙韻	
ㅡ				2

결과 "ㅡ"

임의 추출 표본조사를 통해 중성자 "ㅡ"로 확정했을 것이라 예측할 수 있다.

11	巾	謹	靳	“iə”	“iə”

平聲

巾

音	字	四聲通解 韻會音	韻會		
			韻	禮部	字母韻
08牀ᅑㅣㄴ	臣	ᄿㅣㄴ	11a辰	禪ᄿ巾	商次濁次音ᄿ巾
08禪ᄿㅣㄴ	神	ᅑㅣㄴ	11a	澄ᅑ巾	次商濁音ᅑ巾

洪武正韻譯訓				四聲通解	韻會		
		俗音	韻			禮部	韻會
ㄱ	巾ㅣ		08		11a	巾	巾
ㄲ	勤ㅣ		08		12a	巾	巾
ㆁ	銀ㅣ		08		11a	巾	巾
ㄴ	紉ㅣ		08		11a	巾	巾
ㅂ	賓ㅣ		08		11a	巾	巾
ㅍ	繽ㅣ		08		11a	巾	巾
ㅃ	頻ㅣ		08		11a	巾	巾
ㅁ	民ㅣ		08		11a	巾	巾
ᅎ	津ㅣ		08		11a	巾	巾
ᅔ	親ㅣ		08		11a	巾	巾
ᅏ	秦ㅣ		08		11a	巾	巾
ᄼ	辛ㅣ		08		11a	巾	巾
ᅐ	眞ㅣ		08		11a	巾	巾
ᅕ	瞋ㅣ		08		11a	巾	巾
ᅑ	陳ㅣ		08		11a	巾	巾
ᄾ	中ㅣ		08		11a	巾	巾
ᄿ	辰ㅣ		08		11a	巾	巾
ㆆ	因ㅣ		08		11a	巾	巾
ㄹ	鄰ㅣ		08		11a	巾	巾
ㅿ	人ㅣ		08		11a	巾	巾

洪武正韻譯訓				四聲通解	韻會		
		俗音	韻			禮部	韻會
ㆅ	痕ㅡ		08		13a	巾	巾

巾

正音	俗音	韻會	蒙韻	
ㅣ				20
ㅡ				1

上聲

洪武正韻譯訓				四聲通解	韻會		
		俗音	韻			禮部	韻會
ㄲ	近ㅣ		08		12	謹	謹
ㆁ	听ㅣ		08		12	謹	謹
ㅃ	牝ㅣ		08		11	謹	謹
ᅏ	盡ㅣ		08		11	謹	謹
ᅐ	軫ㅣ		08		11	謹	謹
ᅕ	囅ㅣ		08		11	謹	謹
ᅑ	紖ㅣ		08		11	謹	謹
ᄾ	哂ㅣ		08		11	矧:謹	謹
ᄿ	蜃ㅣ		08		11	腎:謹	謹
ㆆ	隱ㅣ		08		12	隕	謹
ㄹ	嶙ㅣ		08		11	謹	謹
ㅿ	忍ㅣ		08		11	謹	謹

洪武正韻譯訓				四聲通解	韻會		
		俗音	韻			禮部	韻會
ᅕ	齔ㅡ		08		12	謹	謹

謹

正音	俗音	韻會	蒙韻	
ㅣ				12
ㅡ				1

去聲

螼

音	字	四聲通解 韻會音	韻會		
			韻	禮部	字母韻
08群ㄲㅣㄴ	螼	ㄱㅣㄴ	13	見ㄱ螼	角淸音ㄱ螼
08從ㅉㅣㄴ	賮 (盡)	ㅆㅣㄴ	12燼	邪ㅆ螼	商次濁音(ㅆ)螼

洪武正韻譯訓				四聲通解	韻會		
		俗音	韻			禮部	韻會
ㅋ	鼓ㅣ		08		12	螼	螼
ㅋ	僅ㅣ		08		12	螼	螼
ㅇ	憖ㅣ		08		12	螼	螼
ㅂ	儐ㅣ		08		12	螼	螼
ㅈ	晋ㅣ		08		12	螼	螼
ㅊ	親ㅣ		08		12	螼	螼
ㅉ	盡ㅣ		08		12	燼:螼	螼
ㅅ	信ㅣ		08		12	螼	螼
ㅆ	燼ㅣ		08		12	螼	螼
ㅈ	震ㅣ		08		12	螼	螼
ㅊ	趂ㅣ	趁	08		12	疢:螼	螼
ㅉ	陣ㅣ		08		12	螼	螼
ㅆ	愼ㅣ		08		12	螼	螼
ㆆ	印ㅣ		08		12	螼	螼
ㄹ	吝ㅣ		08		12	螼	螼
ㅿ	刃ㅣ		08		12	螼	螼

洪武正韻譯訓				四聲通解	韻會		
		俗音	韻			禮部	韻會
ㆅ	恨一		08		14	靳	靳

靳

正音	俗音	韻會	蒙韻	
ㅣ				16
ㅡ				1

결과 "ㅣ"

중성자 "ㅣ"는 平聲 (巾 字母韻)과 去聲 (靳 字母韻)에서 四聲通解의 韻會音이 확인되었다. 이 밖에 임의 추출 표본조사에서도 중성자 "ㅣ"는 확인되었다.

12	欣	緊	焮	"i"	"iə"

平聲

洪武正韻譯訓				四聲通解	韻會		
		俗音	韻			禮部	韻會
ㅎ	欣ㅣ		1	蒙韻ㅖ	12a	欣	欣

欣

正音	俗音	韻會	蒙韻	
ㅣ			ㅖ	1

上聲

洪武正韻譯訓				四聲通解	韻會		
		俗音	韻			禮部	韻會
ㄱ	緊ㅣ		08	蒙韻ㅖ	11	緊	緊

緊

正音	俗音	韻會	蒙韻	
ㅣ			ㅖ	1

去聲

焮은 四聲通解에서 중성자 "ㅣ"를 가지고 蒙韻音은 중성자 "ㅖ"를 가진다.

결과 "ㅖ"

중성자 "ㅖ"는 모든 聲調에서 四聲通解의 蒙韻音이 확인되었다. 본고는 韻會音의 중성자와 蒙韻音의 중성자가 동일할 것이라고 추측한다.

13	昆,分	袞	睔	"uə"	"uə"

平聲

洪武正韻譯訓				四聲通解	韻會		
		俗音	韻			禮部	韻會
ㄱ	昆ㅜ		08		13a	昆	昆
ㅋ	坤ㅜ		08		13a	昆	昆
ㄷ	敦ㅜ		08		13a	昆	昆
ㅌ	暾ㅜ		08		13a	昆	昆
ㄸ	屯ㅜ		08		13a	昆	昆
ㅈ	尊ㅜ		08		13a	昆	昆
ㅊ	村ㅜ		08		13a	昆	昆
ㅉ	存ㅜ		08		13a	昆	昆
ㅅ	孫ㅜ		08		13a	昆	昆
ㆆ	溫ㅜ		08		13a	昆	昆
ㅎ	昏ㅜ		08		13a	昆	昆
ㆅ	霟(魂)ㅜ		08		13a	昆	昆
ㄹ	論ㅜ		08		13a	昆	昆
ㅂ	奔ㅜ	ㅡ	08	俗音ㅡ	13a	昆	昆
ㅍ	歕ㅜ	ㅡ	08	俗音ㅡ	13a	昆	昆
ㅃ	盆ㅜ	ㅡ	08	俗音ㅡ	13a	昆	昆
ㅁ	門ㅜ	ㅡ	08	俗音ㅡ	13a	昆	昆

昆ㅜ

正音	俗音	韻會	蒙韻	
ㅜ				13
ㅜ	ㅡ			4

洪武正韻譯訓				四聲通解	韻會		
		俗音	韻			禮部	韻會
ㅸ	芬ㅜ	ㅡ	08	俗音ㅡ	12a	昆	分
ㅹ	汾ㅜ	ㅡ	08	俗音ㅡ	12a	昆	分
ㅱ	文ㅜ	ㅡ	08	俗音ㅡ	12a	昆	分

分

正音	俗音	韻會	蒙韻	
ㅜ	ㅡ			3

上聲

袞

音	字	四聲通解 韻會音	韻會		
			韻	禮部	字母韻
08 奉ㅹㅜㄴ	忿	ㅸㅜㄴ	12	敷ㅸ袞	次宮次淸音ㅸ袞
08 奉ㅹㅜㄴ	忿	ㅹㅜㄴ	12憤	奉ㅹ袞	次宮濁ㅹ音袞

忿은 四聲通解에 의하면 韻會音에 두 音을 가진다.

洪武正韻譯訓				四聲通解	韻會		
		俗音	韻			禮部	韻會
ㄱ	袞ㅜ		08		13	袞	袞
ㅋ	梱ㅜ		08		13	袞	袞
ㄸ	盾ㅜ		08		13	囤:袞	袞
ㅊ	忖ㅜ		08		13	袞	袞
ㅉ	鱒ㅜ		08		13	袞	袞
ㅅ	損ㅜ		08		13	袞	袞
ㆆ	穩ㅜ		08		13	袞	袞
ㆅ	混ㅜ		08		13	袞	袞
ㅂ	本ㅜ	ㅡ	08	俗音ㅡ	13	袞	袞
ㅃ	旐ㅜ	ㅡ	08	俗音ㅡ	13	袞	袞
ㅁ	懣ㅜ	ㅡ	08	俗音ㅡ	13	袞	袞

ㅸ	粉ㅜ	ㅡ	08	俗音ㅡ	12	衮	衮
ㅹ	憤ㅜ		08	俗音ㅡ	12	衮	衮
ㅱ	吻ㅜ	ㅡ	08	俗音ㅡ	12	衮	衮
ᅎ	撙ㅜ	ㅡ	08	俗音ㅡ	12	衮	衮

衮

正音	俗音	韻會	蒙韻	
ㅜ				8
ㅜ	ㅡ			7

去聲

論

音	字	四聲通解 韻會音	韻會		
			韻	禮部	字母韻
08奉ㅹㅜㄴ	僨	ㅸㅜㄴ	13糞	非ㅸ論	次宮淸音ㅸ論
08精ᅎㅜㄴ	鐏	ᅏㅜㄴ	14	從ᅏ論	商濁音ᅏ論
08匣ㆅㅜㄴ	睴 (諢)	ㅇㅜㄴ	14	疑ㆁ論	角次濁音ㆁ論

洪武正韻譯訓				四聲通解	韻會		
		俗音	韻			禮部	韻會
ㅋ	困ㅜ		08		14	論	論
ㄷ	頓ㅜ		08		14	論	論
ㅌ	褪ㅜ		08		14	論	論
ㄸ	鈍ㅜ		08		14	論	論
ㄴ	嫩ㅜ		08		14	論	論
ᅎ	鐏ㅜ		08		14	論	論
ᅎ	焌ㅜ		08		14	論	論
ㆅ	寸ㅜ		08		14	論	論
ㆅ	慁ㅜ		08		14	論	論
ㄹ	慁ㅜ		08		14	論	論
ㅂ	奔ㅜ	ㅡ	08	俗音ㅡ	14	論	論

ㅍ	噴ㅜ	ㅡ	08	俗音ㅡ	14	睔	睔
ㅃ	坌ㅜ	ㅡ	08	俗音ㅡ	14	睔	睔
ㅁ	悶ㅜ	ㅡ	08	俗音ㅡ	14	睔	睔
ㅸ	僨ㅜ	ㅡ	08	俗音ㅡ	13	糞:睔	睔
ㅸ	分ㅜ	ㅡ	08	俗音ㅡ	13	睔	睔
ㅱ	問ㅜ	ㅡ	08	俗音ㅡ	13	睔	睔

睔

正音	俗音	韻會	蒙韻	
ㅜ				10
ㅜ	ㅡ			7

결과 "ㅜ"

중성자 "ㅜ"는 上聲 (衮 字母韻)과 去聲 (睔 字母韻)에서 四聲通解의 韻會音이 확인되었다. 이 밖에 임의 추출 표본조사에서도 중성자 "ㅜ"는 확인되었다.

14	鈞	稛	攟	“yə”	“iuə”

平聲

鈞

音	字	四聲通解 韻會音	韻會		
			韻	禮部	字母韻
08精ᅎㅜㄴ	遵	ᅎㅠㄴ	11a	精ᅎ鈞	商淸音ᅎ鈞
08禪ᄿㅠㄴ	脣	亦ᅑㅠㄴ	11a	澄ᅑ鈞	次商濁音ᅑ鈞
08禪ᄿㅠㄴ	犉	又ㅿㅠㄴ	11a	日ㅿ鈞	半商徵音ㅿ鈞

洪武正韻譯訓				四聲通解	韻會		
		俗音	韻			禮部	韻會
ㄱ	鈞ㅠ		08		11a	鈞	鈞
ㅋ	囷ㅠ		08		11a	鈞	鈞
ㄲ	羣ㅠ		08		12a	鈞	鈞
ᅔ	逡ㅠ		08		11a	鈞	鈞
ᄼ	荀ㅠ		08		11a	鈞	鈞
ᄽ	旬ㅠ		08		11a	鈞	鈞
ᅏ	諄ㅠ		08		11a	鈞	鈞
ᅕ	春ㅠ		08		11a	鈞	鈞
ᄿ	純ㅠ		08		11a	鈞	鈞
ㅎ	熏ㅠ		08		12a	鈞	鈞
ㄹ	倫ㅠ		08		11a	鈞	鈞

鈞

正音	俗音	韻會	蒙韻	
ㅠ				11

上聲

稛

音	字	四聲通解 韻會音	韻會		
			韻	禮部	字母韻
08喩ㅇㅣㄴ	尹	ㅇㅠㄴ	11	喩ㅇ稛	羽次濁音ㅇ稛
08日ㅿㅠㄴ	盾	ᄽㅠㄴ	11	禪ᄽ稛	次商次濁次音ᄽ稛

洪武正韻譯訓				四聲通解	韻會		
		俗音	韻			禮部	韻會
ㅋ	稛ㅠ		08		11	稛	稛
ㄲ	窘ㅠ		08		11	稛	稛
ㅈ	準ㅠ		08		11	稛	稛
ㅊ	蠢ㅠ		08		11	稛	稛
ㅿ	盾ㅠ		08		11	稛	稛
ㅅ	筍ㅠ	ㅜ	08	俗音ㅜ	11	稛	稛

稛

正音	俗音	韻會	蒙韻	
ㅠ				5
ㅠ	ㅜ			1

去聲

洪武正韻譯訓				四聲通解	韻會		
		俗音	韻			禮部	韻會
ㄱ	捃ㅠ		08		13	攈:攈	攈
ㄲ	郡ㅠ		08		13	攈	攈
ㅈ	俊ㅠ		08		12	攈	攈
ㅅ	峻ㅠ		08		12	攈	攈
ㅆ	殉ㅠ		08		12	攈	攈
ㅈ	稕ㅠ		08		12	攈	攈
ㅅ	舜ㅠ		08		12	攈	攈

ㅆ	順ㅠ		08		12	攟	攟
ㅎ	訓ㅠ		08		13	攟	攟
ㅿ	閏ㅠ		08		12	攟	攟

洪武正韻譯訓				四聲通解	韻會		
		俗音	韻			禮部	韻會
ㅎ	釁ㅣ		08	蒙韻ㅖ	12	焮	攟

攟

正音	俗音	韻會	蒙韻	
ㅠ				10
ㅣ			ㅖ	1

결과 "ㅠ"

중성자 "ㅠ"는 平聲 (鈞 字母韻)과 上聲 (稛 字母韻)에서 四聲通解의 韻會音이 확인되었다. 이 밖에 임의 추출 표본조사에서도 중성자 "ㅠ"는 확인되었다.

15	筠, 雲	隕	運	“y”	“iuə”

平聲

筠

音	字	四聲通解 韻會音	韻會		
			韻	禮部	字母韻
08幫ㅂㅣㄴ	贇	ㆆㆌㄴ	11a	影ㆆ筠	羽淸音ㆆ筠

筠은 四聲通解에서 “ㅇㅠㄴ” 音을, 蒙韻音은 중성자 “ㆌ”를 가진다.

洪武正韻譯訓				四聲通解	韻會		
		俗音	韻			禮部	韻會
ㆆ	氳ㅠ		08		12a	筠	雲
ㅇ	雲ㅠ		08	蒙韻ㆌ	12a	筠	雲

雲

正音	俗音	韻會	蒙韻	
ㅠ				1
ㅠ			ㆌ	1

上聲

洪武正韻譯訓				四聲通解	韻會		
		俗音	韻			禮部	韻會
ㅇ	隕ㅠ		08	蒙韻ㆌ	11	隕	隕

隕

正音	俗音	韻會	蒙韻	
ㅠ			ㆌ	1

去聲

洪武正韻譯訓				四聲通解	韻會		
		俗音	韻			禮部	韻會
ㆆ	醞ㅠ		08		13	運	運
ㅇ	運ㅠ		08	蒙韻ㆌ	13	運	運

運

正音	俗音	韻會	蒙韻	
ㅠ				1
ㅠ			ㆌ	1

결과 "ㆌ"

중성자 "ㆌ"는 平聲 (筠 字母韻)에서 四聲通解의 韻會音이 확인되었다. 이 밖에 임의 추출 표본조사에서 蒙韻音으로 중성자 "ㆌ"는 확인되었다. 본고는 韻會音의 중성자와 蒙韻音의 중성자가 동일할 것이라고 추측한다.

7.2.5. 종성 "mh"를 가진 字母韻

일련 번호	字母韻 (平聲)	字母韻 (上聲)	字母韻 (去聲)	竺家寧(1986)의 音	曺喜武(1996)의 音
1	高	杲	誥	"au"	"au"
2	交	絞	敎	"iau"	"iau"
3	驕	矯	撟	"iau"	"ɛu"
4	驍	皎	叫	"ieu"	-
5	鉤	者	冓	"ou"	"əu"
6	鳩	九	救	"iou"	"iəu"
7	樛	糾	齅	"iəu"	"iəu"
8	裒	掊	戊	"ou"	"əu"
9	浮	婦	復	"ou"	"əu"

1	高	杲	誥	“au”	“au”

平聲

洪武正韻譯訓				四聲通解	韻會		
		俗音	韻			禮部	韻會
ㄱ	高ㅏ		13		04b	高	高
ㅋ	尻ㅏ		13		04b	高	高
ㆁ	敖ㅏ		13		04b	高	高
ㄷ	刀ㅏ		13		04b	高	高
ㅌ	饕ㅏ		13		04b	高	高
ㄸ	匋ㅏ		13		04b	高	高
ㄴ	鐃ㅏ		13		03b	高	高
ㄴ	猱ㅏ		13		04b	高	高
ㅂ	包ㅏ		13		03b	高	高
ㅂ	褒ㅏ		13		04b	高	高
ㅍ	胞ㅏ		13		03b	高	高
ㅃ	庖ㅏ		13		04b	高	高
ㅁ	茅ㅏ		13		04b	高	高
ㅁ	毛ㅏ		13		04b	高	高
ᅎ	遭ㅏ		13		04b	糟:高	高
ᅔ	操ㅏ		13		04b	高	高
ᅏ	曹ㅏ		13		04b	高	高
ᄼ	騷ㅏ		13		04b	高	高
ᅐ	嘲ㅏ		13		03b	高	高
ᅕ	䜈ㅏ		13		03b	高	高
ᅑ	巢ㅏ		13		03b	高	高
ᄾ	梢ㅏ		13		03b	高	高
ㆆ	鏖ㅏ		13		04b	鏖:高	高
ㅎ	蒿ㅏ		13		04b	高	高
ㆅ	豪ㅏ		13		04b	高	高
ㄹ	勞ㅏ		13		04b	高	高

洪武正韻譯訓				四聲通解	韻會		
		俗音	韻			禮部	韻會
ㆆ	坳ㅑ		13		03b	高	高

高

正音	俗音	韻會	蒙韻	
ㅏ				26
ㅑ				1

上聲

洪武正韻譯訓				四聲通解	韻會		
		俗音	韻			禮部	韻會
ㄱ	杲ㅏ		13		19	杲	杲
ㅋ	考ㅏ		13		19	杲	杲
ㄷ	倒ㅏ		13		19	杲	杲
ㅌ	討ㅏ		13		19	杲	杲
ㄸ	道ㅏ		13		19	杲	杲
ㄴ	腦ㅏ		13		19	杲	杲
ㅂ	飽ㅏ		13		18	杲	杲
ㅂ	寶ㅏ		13		19	杲	杲
ㅃ	鮑ㅏ		13		18	杲	杲
ㅃ	抱ㅏ		13		19	杲	杲
ㅁ	卯ㅏ		13		18	杲	杲
ᅎ	早ㅏ		13		19	杲	杲
ᅔ	草ㅏ		13		19	杲	杲
ᅏ	皁ㅏ		13		19	杲	杲
ᄼ	掃ㅏ		13		19	杲	杲
ᅐ	爪ㅏ		13		18	杲	杲
ᅕ	燲ㅏ		13		18	獠:杲	杲
ᄾ	稍ㅏ		13		18	杲	杲
ㆆ	媼ㅏ		13		19	杲	杲
ㅎ	好ㅏ		13		19	杲	杲

ᅘ	皓ㅏ		13		19	杲	杲
ㄹ	老ㅏ		13		19	杲	杲

洪武正韻譯訓				四聲通解	韻會		
		俗音	韻			禮部	韻會
ㅇ	齩ㅑ		13		18	杲	杲

杲

正音	俗音	韻會	蒙韻	
ㅏ				22
ㅑ				1

去聲

洪武正韻譯訓				四聲通解	韻會		
		俗音	韻			禮部	韻會
ㄱ	誥ㅏ		13		20	誥	誥
ㅋ	犒ㅏ		13		20	誥	誥
ㄷ	到ㅏ		13		19	誥	誥
ㄸ	導ㅏ		13		20	-	誥
ㄴ	鬧ㅏ		13		19	橈:誥	誥
ㄴ	臑ㅏ		13		20	誥	誥
ㅂ	豹ㅏ		13		19	誥	誥
ㅍ	砲ㅏ		13		19	誥	誥
ㅃ	暴ㅏ		13		20	誥	誥
ㅁ	貌ㅏ		13		19	誥	誥
ㅁ	帽ㅏ		13		20	誥	誥
ᅎ	竈ㅏ		13		20	誥	誥
ᅔ	操ㅏ		13		20	誥	誥
ᅏ	漕ㅏ		13		20	誥	誥
ᄼ	噪ㅏ		13		20	誥	誥
ᅐ	罩ㅏ		13		19	誥	誥

ᅐ	抓ㅏ		13		19	誥	誥
ᅕ	鈔ㅏ		13		19	誥	誥
ᅕ	趠ㅏ		13		19	鈔:誥	誥
ᅑ	櫂ㅏ		13		19	誥	誥
ᄾ	稍ㅏ		13		19	誥	誥
ᅙ	奧ㅏ		13		20	誥	誥
ㅎ	耗ㅏ		13		20	誥	誥
ㆅ	號ㅏ		13		20	誥	誥
ㄹ	勞ㅏ		13		20	誥	誥

洪武正韻譯訓				四聲通解	韻會		
		俗音	韻			禮部	韻會
ㅇ	樂ㅑ		13		19	誥	誥
ᅙ	拗ㅑ		13		19	誥	誥

誥

正音	俗音	韻會	蒙韻	
ㅏ				25
ㅑ				2

결과 "ㅏ"

임의 추출 표본조사를 통해 중성자 "ㅏ"로 확정했을 것이라 예측할 수 있다.

2	交	絞	教	"iau"	"iau"

平聲

洪武正韻譯訓				四聲通解	韻會		
		俗音	韻			禮部	韻會
ㅋ	敲ㅑ		13		03b	交	交
ㅎ	哮ㅑ		13		03b	唬:交	交
ㆅ	爻ㅑ		13		03b	交	交

交

正音	俗音	韻會	蒙韻	
ㅑ				3

上聲

洪武正韻譯訓				四聲通解	韻會		
		俗音	韻			禮部	韻會
ㅋ	巧ㅑ				18	絞	絞

絞

正音	俗音	韻會	蒙韻	
ㅑ				1

去聲

洪武正韻譯訓				四聲通解	韻會		
		俗音	韻			禮部	韻會
ㄱ	教ㅑ		13		19	教	教
ㅋ	敲ㅑ		13		19	教	教
ㅎ	孝ㅑ		13		19	教	教
ㆅ	效ㅑ		13		19	教	教

教ㅑ

正音	俗音	韻會	蒙韻	
ㅑ				4

결과 "ㅑ"

임의 추출 표본조사를 통해 중성자 "ㅑ"로 확정했을 것이라 예측할 수 있다.

3	驕	矯	撟	"iau"	"ɛu"

平聲

驕

音	字	四聲通解 韻會音	韻會		
			韻	禮部	字母韻
12曉ㅎㅕㅸ	嚻	ㆁㅕㅸ	02b	疑ㆁ驕	角次濁音ㆁ驕

洪武正韻譯訓				四聲通解	韻會		
		俗音	韻			禮部	韻會
ㅋ	橇ㅕ		12		02b	蹺:驕	驕
ㄲ	橋ㅕ		12		02b	喬:驕	驕
ㄸ	迢ㅕ		12		02b	驕	驕
ㅂ	猋ㅕ		12		02b	焱:驕	驕
ㅍ	漂ㅕ		12		02b	驕	驕
ㅃ	瓢ㅕ		12		02b	驕	驕
ㅁ	苗ㅕ		12		02b	驕	驕
ᅎ	焦ㅕ		12		02b	驕	驕
ᅔ	鍫ㅕ		12		02b	驕	驕
ᅏ	樵ㅕ		12		02b	驕	驕
ᅐ	昭ㅕ		12		02b	驕	驕
ᅕ	弨ㅕ		12		02b	怊:驕	驕
ᅑ	潮ㅕ		12		02b	朝:驕	驕
ᄾ	燒ㅕ		12		02b	驕	驕
ᄿ	韶ㅕ		12		02b	驕	驕
ㅇ	堯ㅕ		12		02b	驕	驕
ㄹ	聊ㅕ		12		02b	驕	驕
ㅿ	饒ㅕ		12		02b	驕	驕
ㅎ	嚻ㅕ		12		02b	驕	驕

驕

正音	俗音	韻會	蒙韻	
ㅕ				18
ㅕ		ㅕ	ㅕ	1

上聲

洪武正韻譯訓				四聲通解	韻會		
		俗音	韻			禮部	韻會
ㄲ	糾ㅕ		12		17	矯:矯	矯
ㅂ	表ㅕ		12		17	矯:矯	矯
ㅃ	摽ㅕ		12		17	矯	矯
ㅈ	沼ㅕ		12		17	矯	矯
ㅉ	趙ㅕ		12		17	矯	矯
ㅅ	少ㅕ		12		17	矯	矯
ㅆ	紹ㅕ		12		17	矯	矯
ㄹ	了ㅕ		12		17	矯	矯
ㅿ	擾ㅕ		12		17	矯	矯

矯

正音	俗音	韻會	蒙韻	
ㅕ				9

去聲

洪武正韻譯訓				四聲通解	韻會		
		俗音	韻			禮部	韻會
ㄲ	嶠ㅕ		12		18	撟	撟
ㄸ	調ㅕ		12		18	撟	撟
ㅃ	驃ㅕ		12		18	撟	撟
ㅁ	妙ㅕ		12		18	撟	撟
ㅈ	照ㅕ		12		18	撟	撟
ㅉ	召ㅕ		12		18	撟	撟
ㅅ	少ㅕ		12		18	撟	撟

ㅆ	邵ㅕ		12		18	撟	撟
ㆅ	歊ㅕ		12		18	撟	撟
ㅇ	燿ㅕ		12		18	撟	撟
ㄹ	料ㅕ		12		18	撟	撟

撟

正音	俗音	韻會	蒙韻	
ㅕ				11

결과 "ㅕ"

중성자 "ㅕ"는 平聲(驕 字母韻)에서 四聲通解의 韻會音임이 확인되었다.

이 밖에 임의 추출 표본조사에서도 중성자 "ㅕ"는 확인되었다.

4	驍	皎	먀	"ieu"	-

平聲

洪武正韻譯訓				四聲通解	韻會		
		俗音	韻			禮部	韻會
ㄱ	驍ㅕ		12		02b	驍	驍
ㄷ	貂ㅕ		12		02b	驍	驍
ㅌ	祧ㅕ		12		02b	驍	驍
ㅅ	蕭ㅕ	ㅑ	12		02b	驍	驍
ㆆ	幺ㅕ		12		02b	驍	驍

驍

正音	俗音	韻會	蒙韻	
ㅕ				5

上聲

皎

音	字	四聲通解 韻會音	韻會		
			韻	禮部	字母韻
12泥ㄴㅕᄝ	鳥	[ㄷㅕᄝ]	17	端ㄷ皎	徵清音ㄷ皎
12並ㅃㅕᄝ	藨	ㅍㅕᄝ	17皫	滂ㅍ皎	宮次清音ㅍ皎
12影ㆆㅕᄝ	皛	ㆅㅕᄝ	17	匣ㆅ皎	羽濁音ㆅ皎

洪武正韻譯訓				四聲通解	韻會		
		俗音	韻			禮部	韻會
ㄱ	皎ㅕ		12		17	皎	皎
ㅌ	朓ㅕ		12		17	皎	皎
ㄸ	窕ㅕ		12		17	皎	皎
ㄴ	鳥ㅕ		12		17	皎	皎

ㄴ	褭ㅕ		12		17	皎	皎
ㅍ	縹ㅕ		12		17	皎	皎
ㅁ	眇ㅕ		12		17	皎	皎
ㅈ	湫ㅕ		12		17	皎	皎
ㅊ	悄ㅕ		12		17	皎	皎
ㅅ	篠ㅕ	ㅑ	12		17	皎	皎
ㆆ	杳ㅕ		12		17	皎	皎
ㅎ	曉ㅕ		12		17	皎	皎

皎

正音	俗音	韻會	蒙韻	
ㅕ				12

去聲

洪武正韻譯訓				四聲通解	韻會		
		俗音	韻			禮部	韻會
ㄱ	叫ㅕ		12		18	叫	叫
ㅋ	竅ㅕ		12		18	叫	叫
ㆁ	澆ㅕ		12		18	顤:叫	叫
ㄷ	弔ㅕ		12		18	叫	叫
ㅌ	糶ㅕ		12		18	叫	叫
ㅍ	勡ㅕ		12		18	叫	叫
ㅈ	醮ㅕ		12		18	叫	叫
ㅊ	陗ㅕ		12		18	叫	叫
ㅅ	嘯ㅕ	ㅑ	12		18	叫	叫
ㆆ	要ㅕ		12		18	叫	叫

叫

正音	俗音	韻會	蒙韻	
ㅕ				10

결과 “ㅕ”

중성자 “ㅕ”는 上聲 (皎 字母韻)에서 四聲通解의 韻會音이 확인되었다. 이 밖에 임의 추출 표본조사에서도 중성자 “ㅕ”는 확인되었다.

5	鉤	考	冓	"ou"	"əu"

平聲

洪武正韻譯訓				四聲通解	韻會		
		俗音	韻			禮部	韻會
ㄱ	鉤一		19		11b	鉤	鉤
ㅋ	彄一		19		11b	鉤	鉤
ㆁ	腢一		19		11b	彄:鉤	鉤
ㄷ	兜一		19		11b	鉤	鉤
ㅌ	偷一		19		11b	鉤	鉤
ㄸ	頭一		19		11b	鉤	鉤
ㅈ	緅一		19		11b	鉤	鉤
ㅅ	漱一		19		11b	鉤	鉤
ㅈ	鄒一		19		11b	鉤	鉤
ㅊ	搊一		19		11b	鉤	鉤
ㅉ	愁一		19		11b	鉤	鉤
ㅅ	搜一		19		11b	-	鉤
ㆆ	謳一		19		11b	鉤	鉤
ㄹ	樓一		19		11b	婁:鉤	鉤

鉤

正音	俗音	韻會	蒙韻	
一				14

上聲

洪武正韻譯訓				四聲通解	韻會		
		俗音	韻			禮部	韻會
ㄱ	耇一		19		26	耇	耇
ㅋ	口一		19		26	耇	耇

ㆁ	偶一		19		26	耇	耇
ㄷ	斗一		19		26	耇	耇
ㅌ	黈一		19		26	妵:耇	耇
ㄴ	㝅一		19		26	耇	耇
ᅎ	走一		19		26	耇	耇
ᅔ	趣一		19		26	耇	耇
ᄼ	叟一		19		26	耇	耇
ᄾ	溲一		19		26	耇	耇
ㆆ	歐一		19		26	耇	耇
ㄹ	塿一		19		26	耇	耇

耇

正音	俗音	韻會	蒙韻	
一				12

去聲

洪武正韻譯訓				四聲通解	韻會		
		俗音	韻			禮部	韻會
ㄱ	冓一		19		26	冓	冓
ㅋ	寇一		19		26	冓	冓
ㆁ	偶一		19		26	冓	冓
ㄷ	鬭一		19		26	冓	冓
ㅌ	透一		19		26	冓	冓
ㄸ	豆一		19		26	冓	冓
ㄴ	耨一		19		26	冓	冓
ᅎ	奏一		19		26	冓	冓
ᅔ	湊一		19		26	冓	冓
ᄼ	漱一		19		26	冓	冓
ᅐ	縐一		19		26	冓	冓
ᅕ	簉一		19		26	冓	冓
ᅑ	驟一		19		26	冓	冓

ㅅ	瘦一		19		26	冓	冓
ㆆ	漚一		19		26	冓	冓
ㄹ	漏一		19		26	漏:冓	冓

冓

正音	俗音	韻會	蒙韻	
一				16

결과 "一"

임의 추출 표본조사를 통해 중성자 "一"로 확정했을 것이라 예측할 수 있다.

6	鳩	九	救	“iou”	“iəu”

平聲

鳩

音	字	四聲通解 韻會音	韻會		
			韻	禮部	字母韻
19從ᅏㅣㅱ	囚	ᄽㅣㅱ	11b	邪ᄽ鳩	商次濁音(ᄽ) 鳩
19牀ᅑㅣㅱ	讎	ᄿㅣㅱ	11b	禪ᄿ鳩	次商次濁次ᄿ鳩
19牀ᅑㅣㅱ	犨	ᅕㅣㅱ	11b	徹ᅕ鳩	次商次淸音ᅕ鳩
19喩ㅇㅣㅱ	尤	ᅌㅣㅱ	11b	疑ᅌ鳩	角次濁音ᅌ鳩

洪武正韻譯訓				四聲通解	韻會		
		俗音	韻			禮部	韻會
ㄱ	鳩ㅣ		19		11b	鳩	鳩
ㅋ	丘ㅣ		19		11b	鳩	鳩
ㄲ	求ㅣ		19		11b	鳩	鳩
ㅂ	彪ㅣ		19		11b	鳩	鳩
ㅃ	滮ㅣ		19		11b	-	鳩
ㅁ	繆ㅣ		19		11b	鳩	鳩
ᅎ	啾ㅣ		19		11b	揫:鳩	鳩
ᅔ	秋ㅣ		19		11b	揫:鳩	鳩
ᅏ	酋ㅣ		19		11b	鳩	鳩
ᄼ	脩ㅣ		19		11b	鳩	鳩
ᅐ	周ㅣ		19		11b	鳩	鳩
ᅕ	抽ㅣ		19		11b	鳩	鳩
ᅑ	儔ㅣ		19		11b	鳩	鳩
ᄾ	收ㅣ		19		11b	鳩	鳩
ㆆ	憂ㅣ		19		11b	鳩	鳩
ㅇ	尤ㅣ		19		11b	鳩	鳩
ㄹ	留ㅣ		19		11b	鳩	鳩
ㅿ	柔ㅣ		19		11b	鳩	鳩

洪武正韻譯訓				四聲通解	韻會		
		俗音	韻			禮部	韻會
ㆅ	侯ㅡ		19		11b	鳩	鳩

鳩

正音	俗音	韻會	蒙韻	
ㅣ				18
ㅡ				1

上聲

九

音	字	四聲通解 韻會音	韻會		
			韻	禮部	字母韻
19喩ㅇㅣㅸ	有	ㆁㅣㅸ	26	疑ㆁ九	角次濁音ㆁ九

洪武正韻譯訓				四聲通解	韻會		
		俗音	韻			禮部	韻會
ㄱ	九ㅣ		19		26	九	九
ㅋ	糗ㅣ		19		26	九	九
ㄲ	臼ㅣ		19		26	九	九
ㄴ	紐ㅣ		19		26	九	九
ᅐ	酒ㅣ		19		26	九	九
ᄼ	滫ㅣ		19		26	九	九
ᅎ	帚ㅣ		19		26	九	九
ᅔ	醜ㅣ		19		26	九	九
ᅑ	紂ㅣ		19		26	九	九
ᄾ	首ㅣ		19		26	九	九
ᄿ	受ㅣ		19		26	九	九
ㆆ	黝ㅣ		19		26	九	九
ㅇ	有ㅣ		19		26	九	九
ㄹ	柳ㅣ		19		26	九	九
ㅿ	蹂ㅣ		19		26	九	九

洪武正韻譯訓				四聲通解	韻會		
		俗音	韻			禮部	韻會
ㅎ	吼一		2		26	九	九
ㆅ	厚一		2		26	九	九

九

正音	俗音	韻會	蒙韻	
ㅣ				15
ㅡ				2

去聲

救

音	字	四聲通解 韻會音	韻會		
			韻	禮部	字母韻
19喩ㅇㅣㅸ	宥	ㆁㅣㅸ	26	疑ㆁ救	角次濁音ㆁ救

洪武正韻譯訓				四聲通解	韻會		
		俗音	韻			禮部	韻會
ㄱ	救ㅣ		19		26	救	救
ㄲ	舊ㅣ		19		26	救	救
ㄴ	狃ㅣ		19		26	糅:救	救
ㅁ	謬ㅣ		19		26	救	救
ᅎ	僦ㅣ		19		26	救	救
ᅏ	就ㅣ		19		26	救	救
ᄼ	秀ㅣ		19		26	救	救
ᄽ	岫ㅣ		19		26	救	救
ᅐ	祝ㅣ		19		26	救	救
ᅕ	臭ㅣ		19		26	救	救
ᅑ	胄ㅣ		19		26	救	救
ᄾ	狩ㅣ		19		26	救	救
ᄿ	授ㅣ		19		26	救	救
ㆆ	幼ㅣ		19		26	救	救

ㅇ	宥ㅣ		19		26	救	救
ㄹ	溜ㅣ		19		26	救	救

洪武正韻譯訓				四聲通解	韻會		
		俗音	韻			禮部	韻會
ㆅ	侯ㅡ		19		26	救	救

救

正音	俗音	韻會	蒙韻	
ㅣ				16
ㅡ				1

결과 "ㅣ"

중성자 "ㅣ"는 모든 聲調에서 四聲通解의 韻會音이 확인되었다. 이 밖에 임의 추출 표본조사에서도 중성자 "ㅣ"는 확인되었다.

7	樛	糾	鯤	“iəu”	“iəu”

平聲

洪武正韻譯訓				四聲通解	韻會		
		俗音	韻			禮部	韻會
ㅎ	休ㅣ		19	蒙韻ㅕ	11b	樛	樛

正音	俗音	韻會	蒙韻	
ㅣ			ㅕ	1

上聲

洪武正韻譯訓				四聲通解	韻會		
		俗音	韻			禮部	韻會
ㅎ	朽ㅣ		19	蒙韻ㅕ	26	糾	糾

糾

正音	俗音	韻會	蒙韻	
ㅣ			ㅕ	1

去聲

洪武正韻譯訓				四聲通解	韻會		
		俗音	韻			禮部	韻會
ㅎ	鯤ㅣ		19	蒙韻ㅕ	26	鯤	鯤

鯤

正音	俗音	韻會	蒙韻	
ㅣ			ㅕ	1

결과 "ㅖ"

중성자 "ㅖ"는 모든 聲調에서 四聲通解의 蒙韻音이 확인되었다. 본고는 韻會音의 중성자와 蒙韻音의 중성자가 동일할 것이라고 추측한다.

8	裒	掊	戊	“ou”	“əu”

平聲

裒

音	字	四聲通解 韻會音	韻會		
			韻	禮部	字母韻
19奉ㅹ一ㅱ	䳝	ㅸㅜㅱ	11b	非ㅸ裒	次宮次淸音ㅸ裒

洪武正韻譯訓				四聲通解	韻會		
		俗音	韻			禮部	韻會
ㅃ	裒一		19		11b	裒	裒
ㅁ	謀一		19	蒙韻ㅜ	11b	裒	裒

裒

正音	俗音	韻會	蒙韻	
一				1
一			ㅜ	1

上聲

洪武正韻譯訓				四聲通解	韻會		
		俗音	韻			禮部	韻會
ㅍ	剖一		19	蒙韻ㅜ	26	掊	掊
ㅁ	母一		19	蒙韻ㅜ	26	掊	掊
ㅸ	缶一		19	蒙韻ㅜ	26	掊	掊

掊

正音	俗音	韻會	蒙韻	
一			ㅜ	3

去聲

洪武正韻譯訓				四聲通解	韻會		
		俗音	韻			禮部	韻會
ㅁ	戊一		19	蒙韻ㅜ	26	戊	戊
ㅸ	副一		19	蒙韻ㅜ	26	戊	戊

戊

正音	俗音	韻會	蒙韻	
ㅡ			ㅜ	2

결과 "ㅜ"

중성자 "ㅜ"는 平聲 (裒 字母韻)에서 四聲通解의 韻會音이 확인되었다. 이 밖에 임의 추출 표본조사에서 중성자 "ㅜ"는 모든 聲調에서 四聲通解의 蒙韻音이 확인되었다. 본고는 韻會音의 중성자와 蒙韻音의 중성자가 동일할 것이라고 추측한다.

9	浮	婦	復	"ou"	"əu"

平聲

洪武正韻譯訓				四聲通解	韻會		
		俗音	韻			禮部	韻會
뿡	浮ㅡ		19	蒙韻ᅺ	11b	浮	浮

浮

正音	俗音	韻會	蒙韻	
ㅡ			ᅺ	1

上聲

洪武正韻譯訓				四聲通解	韻會		
		俗音	韻			禮部	韻會
뿡	阜ㅡ		19	蒙韻ᅺ	26	婦:婦	婦

婦

正音	俗音	韻會	蒙韻	
ㅡ			ᅺ	

去聲

洪武正韻譯訓				四聲通解	韻會		
		俗音	韻			禮部	韻會
뿡	復ㅡ		19	蒙韻ᅺ	26	復	復

復

正音	俗音	韻會	蒙韻	
ㅡ			ᅺ	1

결과 “ㅝ”

중성자 “ᅺ”는 모든 聲調에서 四聲通解의 蒙韻音이 확인되었다. 중성자가 蒙韻音 “ᅺ”인 나머지 경우에는 韻會音의 중성자가 “ㅝ”였다. 이에 이 韻會音의 중성자가 “ㅝ”일 것으로 추론된다.

7.2.6. 종성 “m”을 가진 字母韻

일련번호	字母韻 (平聲)	字母韻 (上聲)	字母韻 (去聲)	竺家寧(1986)의 音	曺喜武(1996)의 音
1	金	錦	禁	“iə”	“iə”
2	歆			“iə”	“iə”
3	簪		譖	“ə”	“ə”
4	甘	感	紺	“a”	“a”
5	緘	減	鑑	“ia”	“ia”
6	箝	檢	劒	“ie”	“ɛ”
7	兼	歉	歉	“i”	“ɛ”
8	嫌			“i”	“ɛ”
9	杴			“i”	“ɛ”

1	金	錦	禁	“iə”	“iə”

平聲

金

音	字	四聲通解 韻會音	韻會		
			韻	禮部	字母韻
20清ㅊㅣㅁ	祲	ㅈㅣㅁ	12b	精ㅈ金	商清音ㅈ金

洪武正韻譯訓				四聲通解	韻會		
		俗音	韻			禮部	韻會
ㄱ	今ㅣ		20		12b	金	金
ㅋ	欽ㅣ		20		12b	金	金
ㄲ	琴ㅣ		20		12b	金	金
ㆁ	吟ㅣ		20		12b	金	金
ㅊ	侵ㅣ		20		12b	金	金
ㅅ	心ㅣ		20		12b	金	金
ㅆ	尋ㅣ		20		12b	金	金
ㅈ	斟ㅣ		20		12b	金	金
ㅊ	琛ㅣ		20		12b	金	金
ㅉ	沈ㅣ		20		12b	金	金
ㅅ	深ㅣ		20		12b	金	金
ㅆ	諶ㅣ		20		12b	金	金
ㆆ	音ㅣ		20		12b	金	金
ㅇ	淫ㅣ		20		12b	金	金
ㄹ	林ㅣ		20		12b	金	金
ㅿ	壬ㅣ		20		12b	金	金

金

正音	俗音	韻會	蒙韻	
ㅣ				16

上聲

洪武正韻譯訓				四聲通解	韻會		
		俗音	韻			禮部	韻會
ㅂ	稟ㅣ		08		27	錦	錦
ㅍ	品ㅣ		08		27	錦	錦
ㄱ	錦ㅣ		20		27	錦	錦
ㄲ	噤ㅣ		20		27	錦	錦
ᅔ	寢ㅣ		20		27	錦	錦
ᅐ	枕ㅣ		20		27	錦	錦
ᅕ	瀋ㅣ		20		27	錦	錦
ᅑ	朕ㅣ		20		27	錦	錦
ᄾ	審ㅣ		20		27	錦	錦
ᄿ	甚ㅣ		20		27	錦	錦
ㆆ	飮ㅣ		20		27	錦	錦
ㄹ	廩ㅣ		20		27	錦	錦
ㅿ	飪ㅣ		20		27	錦	錦
ᄼ	痒ㅣ		20		27	錦	錦

洪武正韻譯訓				四聲通解	韻會		
		俗音	韻			禮部	韻會
ᅕ	墋ㅡ		20		27	錦	錦

錦

正音	俗音	韻會	蒙韻	
ㅣ				14
ㅡ				1

去聲

禁

音	字	四聲通解 韻會音	韻會		
			韻	禮部	字母韻
20見ㄱㅣㅁ	噤	ㄲㅣㅁ	27	群ㄲ禁	角濁音ㄲ禁

洪武正韻譯訓				四聲通解	韻會		
		俗音	韻			禮部	韻會
ㄱ	禁ㅣ		20		27	禁	禁
ㄲ	紟ㅣ		20		27	噤:禁	禁
ㄴ	賃ㅣ		20		27	禁	禁
ᅎ	浸ㅣ		20		27	禁	禁
ᅔ	沁ㅣ		20		27	禁	禁
ᅐ	枕ㅣ		20		27	禁	禁
ᅕ	闖ㅣ		20		27	禁	禁
ᅑ	鴆ㅣ		20		27	禁	禁
ᄉ	深ㅣ		20		27	禁	禁
ᄽ	甚ㅣ		20		27	禁	禁
ㄹ	臨ㅣ		20		27	禁	禁
ㅿ	任ㅣ		20		27	妊:禁	禁

洪武正韻譯訓				四聲通解	韻會		
		俗音	韻			禮部	韻會
ᅕ	譏ㅡ				27	-	禁

禁

正音	俗音	韻會	蒙韻	
ㅣ				12
ㅡ				1

결과 "ㅣ"

중성자 "ㅣ"는 平聲(金 字母韻)과 去聲(禁 字母韻)에서 四聲通解의 韻會音이 확인되었다. 이 밖에 임의 추출 표본조사에서도 중성자 "ㅣ"는 확인되었다.

2	歆			"iə"	"iə"

平聲

洪武正韻譯訓				四聲通解	韻會		
		俗音	韻			禮部	韻會
ㅎ	歆ㅣ		20	蒙韻ㅖ	12b	歆	歆

이 字母韻은 단지 위 小韻 하나만을 가진다.

歆

正音	俗音	韻會	蒙韻	
ㅣ			ㅖ	1

결과 "ㅖ"

중성자 "ㅖ"는 四聲通解의 蒙韻音으로 확인되었다. 韻會音의 중성자와 蒙韻音의 중성자가 동일할 것이라고 추측한다.

3	簪		譖	"ə"	"ə"

平聲

洪武正韻譯訓				四聲通解	韻會		
		俗音	韻			禮部	韻會
ᅏ	岑一		20		12b	簪	簪
ᄼ	森一		20		12b	簪	簪
ᅍ	簪一		20		12b	簪	簪

簪

正音	俗音	韻會	蒙韻	
一				3

去聲

洪武正韻譯訓				四聲通解	韻會		
		俗音	韻			禮部	韻會
ᅍ	譖一		20		27	譖	譖
ᄼ	滲一		20		27	譖	譖

譖

正音	俗音	韻會	蒙韻	
一				2

결과 "一"

임의 추출 표본조사를 통해 중성자 "一"로 확정했을 것이라 예측할 수 있다.

4	甘	感	紺	"a"	"a"

平聲

甘

音	字	四聲通解 韻會音	韻會		
			韻	禮部	字母韻
21端ㄷㅏㅁ	聃	ㅌㅏㅁ	13b	透ㅌ甘	徵次淸音ㅌ甘
21穿ᅕㅏㅁ	劖	ᅑㅏㅁ	15b	-	巉: 次商濁音ᅑ甘
21牀ᅑㅏㅁ	慙	ᅏㅏㅁ	13b	-	商濁音ᅏ甘
21匣ㆅㅏㅁ	蚶	ㅎㅏㅁ	13b	曉ㅎ甘	羽次淸音ㅎ甘

洪武正韻譯訓				四聲通解	韻會		
		俗音	韻			禮部	韻會
ㄱ	甘ㅏ		21		13b	甘	甘
ㅋ	堪ㅏ		21		13b	龕:甘	甘
ㄷ	耽ㅏ		21		13b	甘	甘
ㄷ	儋ㅏ		21		13b	擔:甘	甘
ㅌ	貪ㅏ		21		13b	甘	甘
ㄸ	覃ㅏ		21		13b	甘	甘
ㄸ	談ㅏ		21		13b	甘	甘
ㄴ	南ㅏ		21		13b	甘	甘
ᄬ	凡ㅏ		21		15b	甘	甘
ᅎ	簪ㅏ		21		13b	甘	甘
ᅔ	參ㅏ		21		13b	甘	甘
ᅏ	蠶ㅏ		21		13b	甘	甘
ᄼ	毿ㅏ		21		13b	甘	甘
ᄼ	三ㅏ		21		13b	-	甘
ᅕ	欃ㅏ		21		15b	甘	甘
ᅑ	讒ㅏ		21		15b	甘	甘

ㅅ	攕ㅏ		21		15b	甘	甘
ㅅ	衫ㅏ		21		15b	甘	甘
ㆆ	諳ㅏ		21		13b	甘	甘
ㆅ	含ㅏ		21		13b	甘	甘
ㆅ	酣ㅏ		21		13b	甘	甘
ㄹ	婪ㅏ		21		13b	甘	甘
ㄹ	藍ㅏ		21		13b	甘	甘

洪武正韻譯訓				四聲通解	韻會		
		俗音	韻			禮部	韻會
ㅋ	嵌ㅑ		21		15b	甘	甘
ㆁ	嵒ㅑ		21		15b	甘	甘

甘

正音	俗音	韻會	蒙韻	
ㅏ				23
ㅑ				2

上聲

洪武正韻譯訓				四聲通解	韻會		
		俗音	韻			禮部	韻會
ㄱ	感ㅏ		21		28	感	感
ㅋ	坎ㅏ		21		28	感	感
ㆁ	頷ㅏ		21		28	感	感
ㄷ	紞ㅏ		21		28	黕:感	感
ㄷ	膽ㅏ		21		28	感	感
ㄸ	禫ㅏ		21		28	感	感
ㄸ	啖ㅏ		21		28	感	感
ㅹ	范ㅏ		21		30	感	感
ㅈ	寁ㅏ		21		28	-	感
ㅊ	慘ㅏ		21		28	感	感

ᅏ	歜ㅏ		21		28	-	感
ᅏ	槧ㅏ		21		28	感	感
ᄼ	糝ㅏ		21		28	感	感
ᅐ	斬ㅏ		21		30	感	感
ᅑ	湛ㅏ		21		28	禫:感	感
ᅑ	嶄ㅏ		21		30	-	感
ᄾ	摻ㅏ		21		30	槮:感	感
ㆆ	晻ㅏ		21		28	感	感
ㆅ	頷ㅏ		21		28	感	感
ㄹ	壈ㅏ		21		28	感	感
ㄹ	覽ㅏ		21		28	感	感
ㄱ	敢ㅏ		21		28	感	感

洪武正韻譯訓				四聲通解	韻會		
		俗音	韻			禮部	韻會
ㆆ	黯ㅑ		21	韻會屬感字母韻	30	感	感

感

正音	俗音	韻會	蒙韻	
ㅏ				22
ㅑ		屬感字母韻		1

去聲

洪武正韻譯訓				四聲通解	韻會		
		俗音	韻			禮部	韻會
ㄱ	紺ㅏ		21		28	紺	紺
ㅋ	勘ㅏ		21		28	紺	紺
ㅋ	闞ㅏ		21		28	-	紺
ㄷ	擔ㅏ		21		28	紺	紺
ㅌ	探ㅏ		21		28	紺	紺
ㅌ	賧ㅏ		21		28	紺	紺

ㄸ	淡ㅏ		21		28	憺:紺	紺
ᄬ	梵ㅏ		21		30	紺	紺
ᅔ	參ㅏ		21		28	-	紺
ᅏ	暫ㅏ		21		28	紺	紺
ᄼ	三ㅏ		21		28	紺	紺
ᅐ	蘸ㅏ		21		30	紺	紺
ᅑ	湛ㅏ		21		30	紺	紺
ㆆ	暗ㅏ		21		28	紺	紺
ᅘ	憾ㅏ		21		28	紺	紺
ㄹ	濫ㅏ		21		28	紺	紺

紺

正音	俗音	韻會	蒙韻	
ㅏ				16

결과 "ㅏ"

중성자 "ㅏ"는 平聲(甘 字母韻)에서 四聲通解의 韻會音이 확인되었다. 이 밖에 임의 추출 표본조사에서도 중성자 "ㅏ"는 확인되었다.

5	緘	減	鑑	"ia"	"ia"

平聲

洪武正韻譯訓				四聲通解	韻會		
		俗音	韻			禮部	韻會
ㄱ	監ㅑ		21	今俗音ㅕ	15b	緘	緘
ㆅ	咸ㅑ		21		15b	緘	緘

緘

正音	俗音	韻會	蒙韻	
ㅑ				2

上聲

洪武正韻譯訓				四聲通解	韻會		
		俗音	韻			禮部	韻會
ㄱ	減ㅑ		21	今俗音ㅕ	30	減	減
ㅎ	闞ㅑ		21		30	減	減
ㆅ	豏ㅑ		21		30	減	減
ㆅ	檻ㅑ		21		30	減	減

減

正音	俗音	韻會	蒙韻	
ㅑ				4

去聲

洪武正韻譯訓				四聲通解	韻會		
		俗音	韻			禮部	韻會
ㄱ	鑑ㅑ			今俗音ㅕ	30	鑑	鑑
ㆅ	陷ㅑ				30	鑑	鑑

鑑

正音	俗音	韻會	蒙韻	
ㅑ				2

결과 "ㅑ"

임의 추출 표본조사를 통해 중성자 "ㅑ"로 확정했을 것이라 예측할 수 있다.

6	箝	檢	劒	“ie”	“ɛ”

平聲

檢

音	字	四聲通解 韻會音	韻會		
			韻	禮部	字母韻
22審ㅅㅕㅁ	剡	ㅆㅕㅁ	29	禪ㅆ檢	次商次濁ㅆ檢
22喩ㅇㅕㅁ	儼	ㆁㅕㅁ	29	疑ㆁ檢	角次濁音ㆁ檢

洪武正韻譯訓				四聲通解	韻會		
		俗音	韻			禮部	韻會
ㄲ	箝ㅕ		22		14b	箝	箝
ㆁ	噞ㅕ		22		14b	嚴:箝	箝
ㅌ	添ㅕ		22		14b	箝	箝
ㄸ	甜ㅕ		22		14b	箝	箝
ㄴ	黏ㅕ		22		14b	箝	箝
ㅂ	砭ㅕ		22		14b	箝	箝
ㅈ	尖ㅕ		22		14b	殲:箝	箝
ㅊ	僉ㅕ		22		14b	籤:箝	箝
ㅉ	潛ㅕ		22		14b	箝	箝
ㅅ	銛ㅕ		22		14b	箝	箝
ㅆ	燗ㅕ		22		14b	箝	箝
ㅈ	詹ㅕ		22		14b	箝	箝
ㅊ	襜ㅕ		22		14b	箝	箝
ㅅ	苫ㅕ		22		14b	箝	箝
ㅆ	蟾ㅕ		22		14b	棎:箝	箝
ㆆ	淹ㅕ		22		14b	箝	箝
ㅇ	鹽ㅕ		22		14b	箝	箝
ㄹ	廉ㅕ		22		14b	箝	箝
ㅿ	髯ㅕ		22		14b	箝	箝

箝

正音	俗音	韻會	蒙韻	
ㅕ				19

上聲

洪武正韻譯訓				四聲通解	韻會		
		俗音	韻			禮部	韻會
ㄱ	檢ㅕ		22		29	檢	檢
ㅋ	歉ㅕ		22		29	歉	檢
ㄲ	儉ㅕ		22		29	檢	檢
ㄷ	點ㅕ		22		29	檢	檢
ㅌ	忝ㅕ		22		29	檢	檢
ㄸ	簟ㅕ		22		29	檢	檢
ㅂ	貶ㅕ		22		29	檢	檢
ㅉ	漸ㅕ		22		29	檢	檢
ㅈ	颭ㅕ		22		29	檢	檢
ㅊ	諂ㅕ		22		29	檢	檢
ㅅ	閃ㅕ		22		29	檢	檢
ㆆ	奄ㅕ		22		29	檢	檢
ㅇ	琰ㅕ		22		29	檢	檢
ㄹ	斂ㅕ		22		29	檢	檢
ㅿ	冉ㅕ		22		29	檢	檢

檢

正音	俗音	韻會	蒙韻	
ㅕ				15

去聲

洪武正韻譯訓				四聲通解	韻會		
		俗音	韻			禮部	韻會
ㄱ	劍ㅕ		22		29	劒	劒
ㅋ	欠ㅕ		22		29	劒	劒
ㆁ	釅ㅕ		22		29	劒	劒
ㄷ	店ㅕ		22		29	劒	劒
ㅌ	桥ㅕ		22		29	劒	劒
ㄴ	念ㅕ		22		29	劒	劒
ㅂ	窆ㅕ		22		29	劒	劒
ᄌ	僭ㅕ		22		29	劒	劒
ᄎ	塹ㅕ		22		-	-	劒
ᄌ	占ㅕ		22		29	劒	劒
ᄎ	襜ㅕ		22		29	劒	劒
ᄉ	苫ㅕ		22		29	閃:劒	劒
ㅇ	豔ㅕ		22		29	劒	劒
ㄹ	斂ㅕ		22		29	-	劒
ㅿ	染ㅕ		22		29	-	劒

劒

正音	俗音	韻會	蒙韻	
ㅕ				15

결과 "ㅕ"

중성자 "ㅕ"는 平聲 (箝 字母韻)에서 四聲通解의 韻會音이 확인되었다. 이 밖에 임의 추출 표본조사에서도 중성자 "ㅕ"는 확인되었다.

7	兼	欦	欦	"ᆝ"	"ɛ"

平聲

洪武正韻譯訓				四聲通解	韻會		
		俗音	韻			禮部	韻會
ㄱ	兼ㅕ		22		14b	兼	兼
ㅋ	謙ㅕ		22		14b	兼	兼

兼

正音	俗音	韻會	蒙韻	
ㅕ				2

上聲

洪武正韻譯訓				四聲通解	韻會		
		俗音	韻			禮部	韻會
ㅎ	險ㅕ		22		29	險	欦

欦

正音	俗音	韻會	蒙韻	
ㅕ				1

去聲

洪武正韻譯訓				四聲通解	韻會		
		俗音	韻			禮部	韻會
ㆆ	厭ㅕ		22		29	欦	欦

欦

正音	俗音	韻會	蒙韻	
ㅕ				1

결과 "ㅕ"

임의 추출 표본조사를 통해 중성자 "ㅕ"로 확정했을 것이라 예측할 수 있다.

8	嫌			"ᆝ"	"ɛ"

平聲

洪武正韻譯訓				四聲通解	韻會		
		俗音	韻			禮部	韻會
ㆅ	嫌ㅕ		22		14b	嫌	嫌

嫌

正音	俗音	韻會	蒙韻	
嫌ㅕ				1

결과 "ㅕ"

임의 추출 표본조사를 통해 중성자 "ㅕ"로 확정했을 것이라 예측할 수 있다.

9	杴			"i"	"ɛ"

平聲

洪武正韻譯訓				四聲通解	韻會		
		俗音	韻			禮部	韻會
ㅎ	杴ㅕ				14b	杴	杴

杴

正音	俗音	韻會	蒙韻	
杴ㅕ				1

결과 "ㅕ"

임의 추출 표본조사를 통해 중성자 "ㅕ"로 확정했을 것이라 예측할 수 있다.

7.2.7. 入聲에 포함된 字母韻

일련번호	字母韻(入聲)	竺家寧(1986)의 音	曺喜武(1996)의音
01	穀	"u"	"u"
02	匊	"iu"	"iu"
03	各	"au"	"au"
04	覺	"ou(o)"	"iau"
05	脚	"yo"	"ɛu"
06	爵	"yo"	"ɛu"
07	郭	"uo"	"au"
08	矍	"ya"	"ɛu"
09	克	"ei(e)"	"əi"
10	黑	"ei(e)"	"əi"
11	訖	" i "	" i "
12	吉	"iə"	" i "
13	櫛	"ɣ(ə)"	" ï "
14	國	"ue"	"ue"
15	洫	"ue"	"ue"
16	橘	"y"	"ue"
17	聿	"y"	"ue"
18	額	"ai"	"ai"
19	格	"ai"	"iai"
20	虢	"uai"	"uai"
21	怛	"a"	"a"
22	葛	"a"	"o"
23	戛	"ia"	"ia"
24	訐	"ie"	"ɛ"
25	結	"ie"	"ɛ"
26	括	"ua"	"uo"
27	刮	"ua"	"ua"
28	厥	"ye"	"uɛ"
29	玦	"ye"	"uɛ"

01	穀	"u"	"u"

穀

音	字	四聲通解 韻會音	韻會		
			韻	禮部	字母韻
01並ㅃㅜ	樸	ㅸㅜ	02	奉ㅸ穀	宮濁音ㅃ穀
01明ㅁㅜ	目	ㅱㅜ	01	微ㅱ穀	次商次濁ㅱ音穀
01非ㅸㅜ	馥	ㅹㅜ	01伏	奉ㅹ穀	宮濁音ㅃ穀
01淸ㅊㅜ	鏃	ㅈㅜ	01	精ㅈ穀	商淸音ㅈ穀
01來ㄹㅜ	錄	ㄹㅜ	01祿	來ㄹ穀	半徵商音ㄹ穀
08匣ㆅㅡ	麧	ㆅㅜ	06	匣ㆅ穀	羽濁次音(ㆅ)穀
08精ㅈㅠ	捽	ㅉㅜ	06	-	商濁音ㅉ穀

錄은 四聲通解에 의하면 韻會音에서 두 音, "ㄹㅜ"과 "ㄹㅠ"를 가진다(匊 字母韻 참고).

洪武正韻譯訓				四聲通解	韻會		
		俗音	韻			禮部	韻會
ㄱ	穀ㅜ		01		01	穀	穀
ㅋ	酷ㅜ		01		02	穀	穀
ㄷ	篤ㅜ		01		02	穀	穀
ㅌ	禿ㅜ		01		01	穀	穀
ㄸ	牘ㅜ		01		01	穀	穀
ㅂ	卜ㅜ		01		01	穀	穀
ㅃ	僕ㅜ		01		01와 02	穀	穀
ㅁ	木ㅜ		01		01	穀	穀
ㅸ	福ㅜ		01		01	穀	穀
ㅹ	伏ㅜ		01		01	穀	穀
ㅈ	族ㅜ		01		01	穀	穀

ᅏ	族ㅜ		01		01	縠	縠
ᄼ	速ㅜ		01		01	縠	縠
ㆆ	屋ㅜ		01		01	縠	縠
ㅎ	熇ㅜ		01		02	縠	縠
ㆅ	縠ㅜ		01		01	縠	縠
ㄹ	祿ㅜ		01		01	縠	縠
ㄱ	骨ㅜ		08		06	縠	縠
ㅋ	窟ㅜ		08		06	縠	縠
ㅇ	兀ㅜ		08		06	縠	縠
ㄷ	咄ㅜ		08		06	縠	縠
ㄸ	突ㅜ		08		06	縠	縠
ㄴ	訥ㅜ		08		06	縠	縠
ㅂ	不ㅜ		08		05	弗:縠	縠
ㅁ	沒ㅜ		08		06	縠	縠
ㅸ	拂ㅜ		08		05	縠	縠
ㅹ	佛ㅜ		08		05	縠	縠
ㅱ	勿ㅜ		08		05/06	縠	縠
ᅎ	卒ㅜ		08		06	縠	縠
ㅎ	忽ㅜ		08		06	縠	縠
ㆅ	鶻ㅜ		08		06	搰:縠	縠
ㄹ	硉ㅜ		08		06	搰:縠	縠
ᄾ	縮ㅜ		01	蒙韻ㅠ	01	縠	縠
ㅃ	孛ㅜ	ㅡ	08	俗音ㅡ	06	縠	縠
ᄾ	率ㅜ	ㅐ	08	俗音ㅐ	04	縠	縠

洪武正韻譯訓				四聲通解	韻會		
		俗音	韻			禮部	韻會
ᄼ	窣ㅠ		08		06	縠	縠

縠

正音	俗音	韻會	蒙韻	
ㅜ				32
ㅜ			ㅠ	1
ㅜ	ㅜ			1
ㅜ	ㅒ			1
ㅠ				1

결과 "ㅜ"

중성자 "ㅜ"는 四聲通解의 韻會音으로 확인되었다. 이 밖에 임의 추출 표본조사에서도 중성자 "ㅜ"는 확인되었다.

02	匊	“iu”	“iu”

匊

音	字	四聲通解韻會音	韻會		
			韻	禮部	字母韻
01心ᄼᅮ	肅	ᄼᅲ	01	心ᄼ匊	商次淸次音ᄼ匊
01禪ᄿᅮ	孰	ᄿᅲ	01	禪ᄿ匊	次商次濁音(ᄿ)匊
01禪ᄿᅮ	贖	ᅑᅲ	02	澄ᅑ匊	商次濁音ᅑ匊
01來루	錄	류	02	來ᄅ匊	半商徵音ᄅ匊
01日ᅀᅮ	肉	ᅀᅲ	01	日ᅀ匊	半商徵音ᅀ匊
01審ᄾᅲ	俶	ᅕᅲ	01	徹ᅕ匊	次商次淸音ᅕ匊
01審ᄾᅲ	琡	ᅕᅲ	01俶	徹ᅕ匊	次商次淸音ᅕ匊
01審ᄾᅲ	琡	ᄿᅲ	01孰	禪ᄿ匊	次商次濁音(ᄿ)匊
01審ᄾᅲ	淑	ᄿᅲ	01孰	禪ᄿ匊	次商次濁音(ᄿ)匊
08精ᅎᅲ	蹵	ᅏᅲ	04崒	從ᅏ匊	商濁音ᅏ匊
08禪ᄿᅲ	朮	ᅑᅲ	04	澄ᅑ匊	次商濁音ᅑ匊
08匣ᅘᅲ	欻	ᅙᅲ	05颮	曉ᅙ匊	羽次淸音ᅙ匊

四聲通解에 따르면 錄은 韻會音에 두 音, “루”과 “류”를 가진다(穀 字母韻참고).

四聲通解에 따르면 琡은 韻會音에 두 音, “ᅕᅲ”과 “ᄿᅲ”를 가진다.

洪武正韻譯訓				四聲通解	韻會		
		俗音	韻			禮部	韻會
ㄱ	匊ㅠ		01		01	匊	匊
ㅋ	麴ㅠ		01		01	匊	匊
ㄲ	局ㅠ		01		02	匊	匊
ㆁ	玉ㅠ		01		02	匊	匊
ㄴ	朒ㅠ		01		02	匊	匊
ᄽ	續ㅠ		01		02	匊	匊
ㆆ	郁ㅠ		01		01	或:匊	匊
ㅎ	畜ㅠ		01		01	匊	匊
ㅇ	育ㅠ		01		01	匊	匊
ㄱ	屈ㅠ		08		05	匊	匊
ㅋ	屈ㅠ		08		05	匊	匊
ㄲ	倔ㅠ		08		05	匊	匊
ᅎ	卒ㅠ		08		04	匊	匊
ᅔ	焌ㅠ		08		04	匊	匊
ᅏ	崒ㅠ		08		04	匊	匊
ᄼ	恤ㅠ		08		04	匊	匊
ᅐ	窋ㅠ		08		04	怴:匊	匊
ᅕ	出ㅠ		08		04	匊	匊
ᄿ	術ㅠ		08		04	匊	匊
ㆆ	鬱ㅠ		08		05	匊	匊
ㆅ	欻ㅠ		08		05	颸:匊	匊
ㅇ	颶ㅠ		08		04	颮:匊	匊
ㄹ	律ㅠ		08		04	匊	匊
ᅎ	足ㅠ	ㅜ	01	俗音ㅜ	02	匊	匊
ᅎ	蹙ㅠ	ㅜ	01	俗音ㅜ	01	匊	匊
ᄼ	夙ㅠ		01	俗音ㅜ	01	肅:匊	匊
ᅐ	祝ㅠ	ㅜ	01	俗音ㅜ	01	匊	匊
ᅕ	柷ㅠ	ㅜ	01	俗音ㅜ	01	俶:匊	匊
ᄾ	叔ㅠ	ㅜ	01	俗音ㅜ	01	菽:匊	匊
ᅑ	逐ㅠ	ㅜ	01	俗音ㅜ蒙韻ㅠㅜ 中原音韻ㅣㅜ	01	匊	匊

洪武正韻譯訓				四聲通解	韻會		
		俗音	韻			禮部	韻會
ᄽ	孰ㅜ		01	蒙韻ᄼㅠ韻會ㅠ	01	匊	匊
ㅿ	肉ㅜ		01	蒙韻韻會ㅠ 今俗又音ㅣ中原音韻ㅣ	01	匊	匊
ᅔ	卒ㅜ		08		04	菊	菊

匊

正音	俗音	韻會	蒙韻	
ㅠ				23
ㅠ	ㅜ			6
ㅠ	ㅜ		ㅜ&ㅠ	1
ㅜ		ㅠ	ㅠ	2
ㅜ				1

결과 "ㅠ"

중성자 "ㅠ"는 四聲通解의 韻會音으로 확인되었다. 이 밖에 임의추출 표본조사에서는 중성자 "ㅠ"가 확인되었다.

03	各	"au"	"au"

洪武正韻譯訓				四聲通解	韻會		
		俗音	韻			禮部	韻會
ㄱ	各ㅏ		17		10	各	各
ㅋ	恪ㅏ		17		10	各	各
ㅌ	託ㅏ		17		10	各	各
ㄸ	鐸ㅏ		17		10	各	各
ㄴ	諾ㅏ		17		10	各	各
ㅂ	博ㅏ		17		10	各	各
ㅍ	朴ㅏ		17		03	璞:各	各
ㅃ	雹ㅏ		17		03	各	各
ㅁ	莫ㅏ		17		10	各	各
ㅈ	作ㅏ		17		10	各	各
ㅊ	錯ㅏ		17		10	各	各
ㅉ	昨ㅏ		17		10	各	各
ㅅ	索ㅏ		17		10	各	各
ㆆ	惡ㅏ		17	今俗音ㅓ	10	各	各
ㅎ	膗ㅏ		17		10	各	各
ㆅ	鶴ㅏ		17		10	各	各
ㅇ	諤ㅏ		17		10	咢:各	各
ㄹ	洛ㅏ		17		10	各	各

洪武正韻譯訓				四聲通解	韻會		
		俗音	韻			禮部	韻會
ㆆ	渥ㅑ		17		10	各	各
ㅇ	嶽ㅑ		17		03	各	各

各

正音	俗音	蒙韻	
ㅏ			18
ㅑ			2

결과 "ㅏ"

임의 추출 표본조사를 통해 중성자 "ㅏ"로 확정했을 것이라 예측할 수 있다.

04	覺	"ou(o)"	"iau"

洪武正韻譯訓				四聲通解	韻會		
		俗音	韻			禮部	韻會
ㄱ	覺ㅑ		17		03	覺	覺

洪武正韻譯訓				四聲通解	韻會		
		俗音	韻			禮部	韻會
ㆅ	學ㅏ		17		03	覺	覺

覺

正音	俗音	蒙韻	
ㅏ			1
ㅑ			1

결과 "ㅑ"

임의 추출 표본조사에 따라서 엄격하게 보면 중성자 "ㅑ"와 "ㅏ"가 가능하나 覺는 交絞敎覺-字母韻 同音群에 속하고 交絞敎는 중성자 "ㅑ"를 가지므로 중성자 "ㅑ"로 추측한다.

05	脚	"yo"	"ɛu"

洪武正韻譯訓		俗音	韻	四聲通解	韻會		
						禮部	韻會
ㅅ	鑠ㅑ		17		10	脚	脚
ㅆ	杓ㅑ		17		10	脚	脚
ㅇ	藥ㅑ		17		10	脚	脚
ㅿ	若ㅑ		17		10	弱:脚	脚
ㄲ	噱ㅑ		17	蒙韻 ㅕ	10	脚	脚
ㅈ	灼ㅑ		17	蒙韻 ㅕ	10	脚	脚
ㅊ	綽ㅑ		17	蒙韻 ㅕ	10	脚	脚
ㆆ	約ㅑ		17	蒙韻 ㅕ	10	脚	脚
ㅎ	謔ㅑ		17	蒙韻 ㅕ	10	脚	脚
ㄹ	略ㅑ		17	蒙韻 ㅕ	10	脚	脚
ㅋ	却ㅑ	ㅓ	17	俗音 ㅓ 蒙韻 ㅕ	10	脚	脚

脚

正音	俗音	蒙韻	
ㅑ			5
ㅑ		ㅕ	6
ㅑ	ㅓ	ㅕ	1

四聲通解에 의하면 脚는 중성자 "ㅑ"를 가지고 蒙韻音에서는 중성자 "ㅕ"를 가진다.

결과 "ㅕ"

중성자 "ㅕ"는 四聲通解의 蒙韻音으로 확인되었다. 韻會音의 중성자와 蒙韻音의 중성자가 동일할 것이라고 추측한다.

06	爵	"yo"	"ɛu"

洪武正韻譯訓				四聲通解	韻會		
		俗音	韻			禮部	韻會
ㅈ	爵ㅑ		17		10	爵	爵
ㅉ	嚼ㅑ		17		10	-	爵
ㅅ	削ㅑ		17		10	爵	爵
ㅊ	鵲ㅑ		17	蒙韻 ㅕ	10	碏:爵	爵

爵

正音	俗音	蒙韻	
ㅑ			3
ㅑ		ㅕ	1

결과 "ㅕ"

중성자 "ㅕ"는 四聲通解의 蒙韻音으로 확인되었다. 본고는 韻會音의 중성자와 蒙韻音의 중성자가 동일할 것이라고 추측한다. 또, 爵는 驍皎叫爵-字母韻 同音群에 속하고 驍皎叫는 중성자 "ㅕ"를 가지므로 중성자 "ㅕ"로 추측한다.

07	郭	“uo”	“au“

	洪武正韻譯訓			四聲通解	韻會		
		俗音	韻			禮部	韻會
ᄬ	縛ㅏ		17		10	郭	郭
ᄿ	浞ㅏ		17		03	郭	郭
ᄼ	朔ㅏ		17	俗音ᅪ	03	郭	郭

	洪武正韻譯訓			四聲通解	韻會		
		俗音	韻			禮部	韻會
ᅎ	捉ᅪ		17		03	郭	郭
ᅏ	濁ᅪ		17		03	-:郭	郭
ㄱ	郭ᅪ		17		10	郭	郭
ㅋ	廓ᅪ		17		10	郭	郭
ㆆ	臒ᅪ		17		10	郭	郭
ㅎ	霍ᅪ		17		10	郭	郭
ㆅ	穫ᅪ		17		10	郭	郭

郭

正音	俗音	蒙韻	
ㅏ			2
ㅏ	ᅪ		1
ᅪ			7

결과 “ᅪ”

임의 추출 표본조사를 통해 중성자 “ᅪ”로 확정했을 것이라 예측할 수 있다.

08	矍	"ya"	"ɛu"

洪武正韻譯訓				四聲通解	韻會		
		俗音	韻			禮部	韻會
ㄱ	矍ㅑ		17	蒙韻 ㆋ	10	矍	矍
ㅋ	躩ㅑ		17	蒙韻 ㆋ	10	矍	矍
ㄱ	玃ㅣ		18	ㅑ:蒙韻ㆋ	10	矍:矍	矍
ㅋ	躩ㅣ		18	ㅑ:蒙韻ㆋ	10	矍	矍

玃와 躩는 洪武正韻譯訓에서는 중성 "ㅣ" 音을, 四聲通解에서는 중성 "ㅑ" 音을 가진다.

洪武正韻譯訓				四聲通解	韻會		
		俗音	韻			禮部	韻會
ㅎ	戄ㅘ		17		10	矍	矍

矍

正音	俗音	蒙韻	
ㅑ		ㆋ	4
ㅘ			1

결과 "ㆋ"

중성자 "ㆋ"는 四聲通解의 蒙韻音으로 확인되었다. 본고는 韻會音의 중성자와 蒙韻音의 중성자가 동일할 것이라고 추측한다.

09	克	"ei(e)"	"əi"

洪武正韻譯訓				四聲通解	韻會		
		俗音	韻			禮部	韻會
ㅺ	肯ㅢ		18	蒙韻ㅣ	13	克	克
ㄷ	德ㅢ		18		13	克	克
ㅌ	忒ㅢ		18		13	克	克
ㄸ	特ㅢ		18		13	克	克
ㅈ	則ㅢ		18		13	克	克
ㅉ	賊ㅢ		18		13	克	克
ㅅ	塞ㅢ		18		13	克	克
ㅊ	測ㅢ		18		13	克	克
ㄹ	勒ㅢ		18		13	克	克

克

正音	俗音	韻會	蒙韻	
ㅢ				8
ㅢ			ㅣ	1

결과 "ㅢ"

임의 추출 표본조사를 통해 중성자 "ㅢ"로 확정했을 것이라 예측할 수 있다.

10	黑	“ei(e)”	“əi”

洪武正韻譯訓				四聲通解	韻會		
		俗音	韻			禮部	韻會
ㅎ	黑ㅢ		18		13	黑	黑
ㆅ	劾ㅢ		18		13	黑	黑

黑

正音	俗音	韻會	蒙韻	
ㅢ				2

결과 “ㅢ”

임의 추출 표본조사를 통해 중성자 “ㅢ”로 확정했을 것이라 예측할 수 있다.

11	訖	“i”	“i”

訖

音	字	四聲通解 韻會音	韻會		
			韻	禮部	字母韻
08審ᄾㅣ	實	ᅑㅣ	04	澄ᅑ訖	次商濁音ᅑ訖
18精ᅎㅣ	聖	ᅏㅣ	13	淸ᅔ訖	商次淸音ᅔ訖
18精ᅎㅣ	磧	ᅔㅣ	11刺	淸ᅔ訖	商次淸音ᅔ訖
20群ㄲㅣ	岌	ㆁㅣ	14	疑ㆁ訖	角次濁音ㆁ訖
20心ᄼㅣ	霫	ᅔㅣ	14緝	淸ᅔ訖	商次淸音ᅔ訖
20影ㆆㅣ	熠	ㅇㅣ	14	喩ㅇ訖	羽次濁音ㅇ訖

洪武正韻譯訓				四聲通解	韻會		
		俗音	韻			禮部	韻會
ㅋ	乞ㅣ		08		05	訖	訖
ㆁ	仡ㅣ		08		05	疙:訖	訖
ㄴ	暱ㅣ		08		04	訖	訖
ㅂ	必ㅣ		08		04	訖	訖
ㅍ	匹ㅣ		08		04	訖	訖
ᅎ	聖ㅣ		08		04	訖	訖
ᅔ	七ㅣ		08		04	訖	訖
ᅏ	疾ㅣ		08		04	訖	訖
ᄼ	悉ㅣ		08		04	訖	訖
ᅐ	質ㅣ	ㅢ	08		04	訖	訖
ᅕ	叱ㅣ		08		04	訖	訖
ᅑ	秩ㅣ		08		04	訖	訖
ᄾ	失ㅣ		08		04	訖	訖
ㆆ	一ㅣ		08		04	訖	訖
ㅎ	肸ㅣ		08		04	訖	訖
ㅇ	逸ㅣ		08		04	訖	訖

ㄱ	戟ㅣ		18		11	訖	訖
ㅋ	隙ㅣ		18		11	訖	訖
ㄲ	劇ㅣ		18		11	訖	訖
ㄷ	的ㅣ		18		12	訖	訖
ㅌ	逖ㅣ		18		12	訖	訖
ㄸ	狄ㅣ		18		12	訖	訖
ㄴ	匿ㅣ		18		13	訖	訖
ㅂ	壁ㅣ		18		12	訖	訖
ㅍ	僻ㅣ		18		11	訖	訖
ㅁ	覓ㅣ		18		12	訖	訖
ᅎ	積ㅣ		18		11	訖	訖
ᅎ	卽ㅣ		18		13	訖	訖
ᅔ	刺ㅣ		18		11	訖	訖
ᅏ	寂ㅣ		18		12	訖	訖
ᄼ	昔ㅣ		18		11	訖	訖
ᄽ	席ㅣ		18		11	訖	訖
ᅐ	隻ㅣ		18		11	訖	訖
ᅕ	尺ㅣ		18		11	訖	訖
ᅑ	擲ㅣ		18		11	訖	訖
ᄾ	釋ㅣ		18		11	訖	訖
ᄿ	石ㅣ		18		11	訖	訖
ᄿ	寔ㅣ		18		13	訖	訖
ㆆ	益ㅣ		18		11	訖	訖
ㆁ	繹ㅣ		18		11	睪:訖	訖
ㆁ	逆ㅣ		18		11	訖	訖
ㄱ	急ㅣ		20		14	訖	訖
ㅋ	泣ㅣ		20		14	訖	訖
ㄲ	及ㅣ		20		14	訖	訖
ᅎ	湒ㅣ		20		14	濮:訖	訖
ᅔ	緝ㅣ		20		14	訖	訖
ᅏ	集ㅣ		20		14	訖	訖

ㅅ	霫ㅣ		20		14	緝:訖	訖
ㅆ	習ㅣ		20		14	訖	訖
ㅈ	執ㅣ		20		14	訖	訖
ㅊ	蟄ㅣ		20		14	訖	訖
ㅉ	蟄ㅣ		20		14	訖	訖
ㅆ	十ㅣ		20		14	訖	訖
ㆆ	揖ㅣ		20		14	訖	訖
ㅎ	吸ㅣ		20		14	訖	訖
ㄹ	立ㅣ		20		14	訖	訖
ㅃ	闢ㅣ	ㅢ	18	俗音ㅢ	11	擗:訖	訖
ㅿ	入ㅣ	ㅠ	20	俗音ㅠ	14	訖	訖

訖

正音	俗音	韻會	蒙韻	
ㅣ				56
ㅣ	ㅢ			1
ㅣ	ㅠ			1

결과 "ㅣ"

중성자 "ㅣ"는 四聲通解의 韻會音으로 확인되었다. 이 밖에 임의 추출 표본조사에서도 중성자 "ㅣ"는 확인되었다.

12	吉	"iə"	" i "

洪武正韻譯訓				四聲通解	韻會		
		俗音	韻			禮部	韻會
ㄱ	吉ㅣ		08	蒙韻ㅖ	04	吉	吉
ㅋ	喫ㅣ		18	蒙韻ㅖ	12	吉	吉
ㆅ	檄ㅣ		18	蒙韻ㅖ	12	吉	吉

吉

正音	俗音	韻會	蒙韻	
ㅣ			ㅖ	3

결과 "ㅖ"

중성자 "ㅖ"는 四聲通解의 蒙韻音으로 확인되었다. 본고는 韻會音의 중성자와 蒙韻音의 중성자가 동일할 것이라고 추측한다.

13	櫛	"ɤ(ə)"	"ï"

洪武正韻譯訓				四聲通解	韻會		
		俗音	韻			禮部	韻會
ㅈ	櫛一		08		04	櫛	櫛
ㅅ	瑟一		08		04	櫛	櫛
ㅅ	澀一		20		14	櫛	櫛

洪武正韻譯訓				四聲通解	韻會		
		俗音	韻			禮部	韻會
ㅈ	戢ㅣ		20	蒙韻ㅡ韻會音與櫛同	14	櫛	櫛

櫛

正音	俗音	韻會	蒙韻	
ㅡ				3
ㅣ		音與櫛同	ㅡ	1

결과 "ㅡ"

임의 추출 표본조사를 통해 중성자 "ㅡ"로 확정했을 것이라 예측할 수 있다.

14	國	“ue”	“ue”

國

音	字	四聲通解 韻會音	韻會		
			韻	禮部	字母韻
08幫ㅂㅣ	笔	ㅂㅟ	04	幫ㅂ國	商淸音(sic) ㅈ國
08並ㅃㅣ	弼	ㅃㅟ	04	並ㅃ國	宮濁音ㅃ國
08明ㅁㅣ	密	ㅁㅟ	04	明ㅁ國	宮次濁音ㅁ國
18疑ㆁㆌ	域	ㆆㅟ	13	影ㆆ國	羽淸音ㆆ國

洪武正韻譯訓				四聲通解	韻會		
		俗音	韻			禮部	韻會
ㅃ	弼ㅣ		08	蒙韻韻會ㅟ	04	國	國
ㅁ	密ㅣ		08	韻會蒙韻ㅟ	04	國	國

洪武正韻譯訓				四聲通解	韻會		
		俗音	韻			禮部	韻會
ㅂ	壁ㅢ		18		12	國	國
ㅂ	北ㅢ		18	蒙韻ㅟ	13	國	國
ㅃ	匐ㅢ		18	蒙韻ㅟ	13	愎:國	國
ㅁ	墨ㅢ		18	蒙韻ㅟ	13	國	國

洪武正韻譯訓				四聲通解	韻會		
		俗音	韻			禮部	韻會
ㆅ	或ㅟ		18		13	國	國

洪武正韻譯訓				四聲通解	韻會		
		俗音	韻			禮部	韻會
ㆁ	域ㆌ	ㅣ	18	今俗音ㅣ蒙韻ㆌ韻會ㅟ	13	國	國

國

正音	俗音	韻會	蒙韻	
ㅣ		ㅟ	ㅟ	2
ㅢ				1
ㅢ			ㅟ	3
ㅟ				1
ㆇ		ㅟ	ㆇ	1

결과 "ㅟ"

중성자 "ㅟ"는 四聲通解의 韻會音으로 확인되었다.

15	洫	"ue"	"ue"

洫 字母韻은 古今韻會擧要의 본문에서 단 하나의 小韻을 갖는데 이는 洫 小韻이다. 洫은 四聲通解에서 중성 "ㅠㅣ"音을 가진다.

결과 "ㅠㅣ"

洫은 四聲通解에서 중성 "ㅠㅣ"音을 가진다.

洫는 麾毁諱洫-字母韻 同音群에 속하고 麾毁諱는 중성자 "ㅠㅣ"를 가지므로 중성자 "ㅠㅣ"로 추측된다.

16	橘	"y"	"ue"

橘

音	字	四聲通解 韻會音	韻會		
			韻	禮部	字母韻
08見ㄱㅠ	獝	ㄲㆇ	04	群ㄲ橘	角濁音ㄲ橘
18曉ㅎㆌ	殈	ㅎㆇ	12	-	羽次淸音ㅎ橘

洪武正韻譯訓				四聲通解	韻會		
		俗音	韻			禮部	韻會
ㄱ	橘ㅠ		08	蒙韻ㆇ	04	橘	橘
ㅎ	矞ㅠ		08	蒙韻ㆇ	04	橘	橘

洪武正韻譯訓				四聲通解	韻會		
		俗音	韻			禮部	韻會
ㅎ	殈ㆌ		4	今俗音ㅠ蒙韻ㅟ韻會ㆇ	12	洫	橘
ㄱ	狊ㆌ		4	蒙韻ㆇ韻會音與橘同	12	橘	橘
ㅋ	闃ㆌ		4	蒙韻ㆇ	12	橘	橘

橘

正音	俗音	韻會	蒙韻	
ㅠ			ㆇ	2
ㆌ		ㆇ	ㅟ	1
ㆌ		與橘同	ㆇ	1
ㆌ			ㆇ	1

결과 "ㆇ"

중성자 "ㆇ"는 四聲通解의 韻會音으로 확인되었다.

17	聿	"y"	"ue"

洪武正韻譯訓				四聲通解	韻會		
		俗音	韻			禮部	韻會
○	聿ㅠ		08	蒙韻ㆌ	04	聿	聿

聿

正音	俗音	韻會	蒙韻	
ㅠ			ㆌ	1

결과 "ㆌ"

중성자 "ㆌ"는 四聲通解의 蒙韻音으로 확인되었다. 본고는 韻會音의 중성자와 蒙韻音의 중성자가 동일할 것이라고 추측한다.

18	額	“ai”	“ai”

額

音	字	四聲通解 韻會音	韻會		
			韻	禮部	字母韻
18禪ㅆㅢ	賾	ㅉㅐ	11	澄ㅉ額	次商濁音ㅉ額

洪武正韻譯訓				四聲通解	韻會		
		俗音	韻			禮部	韻會
ㅆ	賾ㅢ		18	蒙韻韻會ㅐ	11	額	額
ㅂ	百ㅢ		18	蒙韻ㅐ	11	額	額
ㅍ	拍ㅢ		18	蒙韻ㅐ	11	額	額
ㅃ	白ㅢ		18	蒙韻ㅐ	11	額	額
ㅈ	窄ㅢ		18	蒙韻ㅐ	11	迮:額	額
ㅊ	坼ㅢ		18	蒙韻ㅐ	11	額	額
ㅅ	索ㅢ		18	蒙韻ㅐ	11	額	額
ㆆ	戹ㅢ		18	蒙韻ㅐ	11	額	額
ㅉ	宅ㅢ		18	蒙韻ㅐ俗音ㅐ	11	額	額
ㅁ	陌ㅢ		18	俗音蒙韻ㅐ	11	額	額
ㅇ	額ㅢ		2	俗音ㅡ蒙韻ㅐ今俗音ㅓ,ㅕ	11	-/額	額

額

正音	俗音	韻會	蒙韻	
ㅢ			ㅐ	7
ㅢ	ㅐ		ㅐ	2
ㅢ		ㅐ		1
ㅢ	ㅡ		ㅒ	1

결과 “ㅐ”

중성자 “ㅐ”는 四聲通解의 韻會音으로 확인되었다.

19	格	“ai”	“iai”

洪武正韻譯訓				四聲通解	韻會		
		俗音	韻			禮部	韻會
ㄱ	格ㅢ		2	蒙韻ㅒ	11	格	格
ㅋ	客ㅢ		2	蒙韻ㅒ	11	格	格
ㅎ	赫ㅢ	ㅕ	2	蒙韻ㅖ	11	格	格

格

正音	俗音	韻會	蒙韻	
ㅢ			ㅖ	1
ㅢ			ㅒ	2

결과 “ㅒ”

중성자 “ㅒ”는 四聲通解의 蒙韻音으로 확인되었다. 본고는 韻會音의 중성자와 蒙韻音의 중성자가 동일할 것이라고 추측한다.

20	虢	"uai"	"uai"

虢

音	字	四聲通解 韻會音	韻會		
			韻	禮部	字母韻
18曉ㅎㄱ	嚿	ㆅ내	11	-	畫: 羽濁次音(ㆅ)虢

洪武正韻譯訓				四聲通解	韻會		
		俗音	韻			禮部	韻會
ㅎ	畫귀		18	蒙韻내	11	虢	獲:虢
ㆅ	獲귀		18	蒙韻내	11	虢	畫:虢
ㄱ	虢귀		18	蒙韻내俗音궈,귀	11	虢	虢

虢

正音	俗音	韻會	蒙韻	
귀			내	2
귀	궈,귀		내	1

결과 "내"

중성자 "내"는 四聲通解의 韻會音으로 확인되었다.

21	怛	"a"	"a"

洪武正韻譯訓				四聲通解	韻會		
		俗音	韻			禮部	韻會
ㄷ	笪ㅏ		10		07	怛:怛	怛
ㅌ	獺ㅏ		10		07/08	怛	怛
ㅌ	闥ㅏ		10		07	怛	怛
ㄸ	達ㅏ		10		07	怛	怛
ㄴ	捺ㅏ		10		07	怛	怛
ㅂ	八ㅏ		10		08	怛	怛
ㅁ	帓ㅏ		10		08	怛	怛
ᅎ	拶ㅏ		10		07	怛	怛
ᅔ	擦ㅏ		10		07	拶:怛	怛
ᅏ	巀ㅏ		10		07/08	-	怛
ᅐ	哳ㅏ		10		08	怛	怛
ᅕ	察ㅏ		10		08	怛	怛
ᄾ	殺ㅏ		10		08	怛	怛
ㄹ	剌ㅏ		10		07	怛	怛
ㅱ	韈ㅏ		10		06	怛	怛
ㄷ	答ㅏ		21		15	怛	怛
ㅌ	錔ㅏ		21		15	怛	怛
ㅌ	榻ㅏ		21		15	怛	怛
ㄸ	沓ㅏ		21		15	怛	怛
ㄴ	納ㅏ		21		15	怛	怛
ㅸ	法ㅏ		21		17	-	怛
ㅹ	乏ㅏ		21		17	-	怛
ᅎ	帀ㅏ		21		15	怛	怛
ᅏ	雜ㅏ		21		15	-	怛
ᄼ	趿ㅏ		21		15	怛	怛
ᅐ	箚ㅏ		21		17	怛	怛
ᅕ	臿ㅏ		21		17	怛	怛
ᅑ	霅ㅏ		21		17	怛	怛
ᄾ	歃ㅏ		21		17	-	怛
ㄹ	蠟ㅏ		21		15	怛	怛

洪武正韻譯訓				四聲通解	韻會		
		俗音	韻			禮部	韻會
ㆆ	軋ㅑ		10		08	怛	怛

洪武正韻譯訓				四聲通解	韻會		
		俗音	韻			禮部	韻會
ㅸ	髮ㅘ	ㅏ	10	俗音ㅏ蒙音ㅏ	06	怛	怛
ㅹ	伐ㅘ	ㅏ	10	俗音ㅏ蒙音ㅏ	06	怛	怛

怛

正音	俗音	韻會	蒙韻	
ㅏ				30
ㅑ				1
ㅘ	ㅏ		ㅏ	2

결과 "ㅏ"

임의 추출 표본조사를 통해 중성자 "ㅏ"로 확정했을 것이라 예측할 수 있다.

22	葛	"a"	"o"

葛

音	字	四聲通解 韻會音	韻會		
			韻	禮部	字母韻
21匣ㆅㅏ	欱	ㅎㅓ	15	曉ㅎ葛	羽次淸音ㅎ葛

洪武正韻譯訓				四聲通解	韻會		
		俗音	韻			禮部	韻會
ㄱ	葛ㅓ		09	蒙韻ㄱㅗ	07	葛	葛
ㅋ	渴ㅓ		09	蒙韻ㄱㅗ	07	葛	葛
ㆆ	遏ㅓ		09	蒙韻ㄱㅗ	07	葛	葛
ㅎ	喝ㅓ		09	蒙韻ㄱㅗ	07	葛	葛
ㆅ	曷ㅓ		09	蒙韻ㄱㅗ	07	葛	葛

洪武正韻譯訓				四聲通解	韻會		
		俗音	韻			禮部	韻會
ㅁ	末ㅝ		09		07	括	葛

洪武正韻譯訓				四聲通解	韻會		
		俗音	韻			禮部	韻會
ㅅ	薩ㅏ		10		07	躠:葛	葛
ㄱ	閤ㅏ		21	俗韻 (sic!) ㅓ蒙韻ㄱㅗ	15	葛	葛
ㅋ	榼ㅏ		21	蒙韻ㄱㅗ今俗音ㅓ	15	葛	葛
ㆅ	合ㅏ	ㅓ	21	俗音ㅓ	15	葛	葛

葛

正音	俗音	韻會	蒙韻	
ㅓ			ᅼ	5
ㅝ				1
ㅏ	ㅓ		ᅼ	1
ㅏ			ᅼ	1
ㅏ	ㅓ			1
ㅏ				1

결과 "ㅓ"

중성자 "ㅓ"는 四聲通解의 韻會音으로 확인되었다.

23	戛	"ia"	"ia"

戛

音	字	四聲通解 韻會音	韻會		
			韻	禮部	字母韻
10匣ㆅㅑ	劼	ㅋㅑ	08	溪ㅋ戛	角次淸音ㅋ戛

洪武正韻譯訓				四聲通解	韻會		
		俗音	韻			禮部	韻會
ㄱ	戞ㅑ		10		08	戞	戞
ㅋ	楬ㅑ		10		08	篕:戞	戞
ㆁ	蘖ㅑ		10		07	蘖:戞	戞
ㅎ	瞎ㅑ		10		08	戞	戞
ㆅ	轄ㅑ		10		07	曷:戞	葛
ㄱ	夾ㅑ		21		17	戛	戛
ㅋ	恰ㅑ		21		17	戛	戛
ㆆ	押ㅑ		21		17	戛	戛
ㅎ	呷ㅑ		21		17	戛	戛
ㆅ	洽ㅑ		21		17	戛	戛

戛

正音	俗音	韻會	蒙韻	
ㅑ				10

결과 "ㅑ"

중성자 "ㅑ"는 四聲通解의 韻會音으로 확인되었다. 이 밖에 임의 추출 표본조사에서도 중성자 "ㅑ"는 확인되었다.

24	訐	“ie”	“ε”

訐

音	字	四聲通解 韻會音	韻會		
			韻	禮部	字母韻
22泥ㄴㅕ	讘	△ㅕ	16	日△結	半徵商音△訐

洪武正韻譯訓				四聲通解	韻會		
		俗音	韻			禮部	韻會
ㄲ	傑ㅕ		11		09	訐	訐
ㅇ	孽ㅕ		11		09	訐	訐
ㄸ	耋ㅕ		11		09	姪:訐	訐
ㅉ	截ㅕ		11		09	訐	訐
ㅉ	轍ㅕ		11		09	訐	訐
ㅆ	舌ㅕ		11		09	訐	訐
ㅎ	歇ㅕ		11		09	訐	訐
ㄲ	笈ㅕ		22		16	訐	訐
ㆁ	業ㅕ		22		16	訐	訐
ㅉ	牒ㅕ		22		16	訐	訐
ㅇ	葉ㅕ		22		16	訐	訐

訐

正音	俗音	韻會	蒙韻	
ㅕ				11

결과 “ㅕ”

중성자 “ㅕ”는 四聲通解의 韻會音으로 확인되었다. 이 밖에 임의 추출 표본조사에서도 중성자 “ㅕ”는 확인되었다.

25	結	“ie”	“ɛ”

結

音	字	四聲通解 韻會音	韻會		
			韻	禮部	字母韻
22匣ㆅㅕ	脅	ㅎㅕ	16	曉ㅎ結	羽次淸音ㅎ結

洪武正韻譯訓				四聲通解	韻會		
		俗音	韻			禮部	韻會
ㄱ	結ㅕ		11		09	結	結
ㅋ	挈ㅕ		11		09	結	結
ㅌ	鐵ㅕ		11		09	結	結
ㄴ	涅ㅕ		11		09	結	結
ㅂ	鼈ㅕ		11		09	結	結
ㅍ	撆ㅕ		11		09	結	結
ㅃ	別ㅕ		11		09	結	結
ㅁ	滅ㅕ		11		09	蔑:結	結
ᅎ	節ㅕ		11		09	結	結
ᅔ	切ㅕ		11		09	結	結
ᄼ	屑ㅕ		11		09	結	結
ᅐ	浙ㅕ		11		09	結	結
ᅕ	徹ㅕ		11		09	結	結
ᄾ	設ㅕ		11		09	結	結
ㆆ	謁ㅕ		11		09	結	結
ㆅ	纈ㅕ		11		09	結	結
ㄹ	列ㅕ		11		09	結	結
ㅿ	熱ㅕ		11		09	結	結
ㄱ	頡ㅕ		22		16	結	結
ㅋ	篋ㅕ		22		16	結	結

ㄷ	喋ㅕ		22		16	結	結
ㅌ	帖ㅕ		22		16	結	結
ㄴ	聶ㅕ		22		16	結	結
ᅎ	接ㅕ		22		16	結	結
ᅕ	妾ㅕ		22		16	結	結
ᅏ	捷ㅕ		22		16	結	結
ᄼ	燮ㅕ		22		16	結	結
ᅐ	讋ㅕ		22		16	結	結
ᄾ	攝ㅕ		22		16	結	結
ㆅ	協ㅕ		22		16	結	結
ㄹ	獵ㅕ		22		16	結	結

結

正音	俗音	韻會	蒙韻	
ㅕ				31

결과 "ㅕ"

중성자 "ㅕ"는 四聲通解의 韻會音으로 확인되었다. 이 밖에 임의 추출 표본조사에서도 중성자 "ㅕ"는 확인되었다.

26	括	“ua”	“uo”

洪武正韻譯訓				四聲通解	韻會		
		俗音	韻			禮部	韻會
ㄱ	括궈		09	蒙韻고	07	括	括
ㅋ	闊궈		09	蒙韻고	07	括	括
ㄷ	掇궈		09	蒙韻고	07	括	括
ㅌ	脫궈		09	蒙韻고	07	侻: 括	括
ㅍ	潑궈		09	蒙韻고	07	鏺:括	括
ㅃ	跋궈		09	蒙韻고	07	括	括
ㅈ	繓궈		09	蒙韻고	07	括	括
ㅊ	撮궈		09	蒙韻고	07	括	括
ㆆ	斡궈		09	蒙韻고今俗音놔	07	括	括
ㆅ	活궈		09	蒙韻고	07	括	括
ㄹ	捋궈		09	蒙韻고	07	-	括
ㄸ	奪궈		09		07	括	括
ㅂ	撥궈		09		07	括	括
ㅎ	豁궈		09		07	括	括

括

正音	俗音	韻會	蒙韻	
궈			고	11
궈				3

결과 “궈”

중성자 “고”는 四聲通解의 蒙韻音으로 확인되었다. 중성자가 蒙韻音“고”인 다른 경우 중성자는 韻會音“궈”였다. 이에 이 韻會音의 중성자가 “궈”일 것으로 추론된다.

또, 括은 戈果過括-字母韻 同音群에 속하고 戈果過는 중성자 “궈”를 가지므로 중성자 “궈”로 추측된다.

27	刮	"ua"	"ua"

刮

音	字	四聲通解 韻會音	韻會		
			韻	禮部	字母韻
10照ㅈㅏ	茁	ㅈ놔	08	知ㅈ刮	次商淸音ㅈ刮

洪武正韻譯訓				四聲通解	韻會		
		俗音	韻			禮部	韻會
ㄱ	刮놔		10		08	刮	刮
ㅅ	刷놔		10		08	刮	刮
ㄴ	豽놔		10		08	刮	刮
ㆅ	猾놔				08	滑:刮	刮

刮

正音	俗音	韻會	蒙韻	
놔				4

결과 "놔"

중성자 "놔"는 四聲通解의 韻會音으로 확인되었다. 이 밖에 임의 추출 표본조사에서도 중성자 "놔"는 확인되었다.

28	厥	"ye"	"uɛ"

洪武正韻譯訓				四聲通解	韻會		
		俗音	韻			禮部	韻會
ㄱ	厥 꿔		11		06	厥	厥
ㅋ	闕 꿔		11		06	厥	厥
ㄲ	橜 꿔		11		06	厥	厥

厥

正音	俗音	韻會	蒙韻	
꿔				3

결과 "꿔"

임의 추출 표본조사를 통해 중성자 "꿔"로 확정했을 것이라 예측할 수 있다.

29	玦	"ye"	"uɛ"

玦

音	字	四聲通解 韻會音	韻會		
			韻	禮部	字母韻
11照ㅈ궈	蕝	ㅈ궈	09	精ㅈ玦	商淸音ㅈ玦

洪武正韻譯訓				四聲通解	韻會		
		俗音	韻			禮部	韻會
ㅇ	月궈		11		06	玦	玦
ㅉ	絶궈		11		09	玦	玦
ㅅ	雪궈		11		09	玦	玦
ㅈ	拙궈		11		09	玦	玦
ㅈ	茁궈		11		09	玦	玦
ㅊ	歠궈		11		09	玦	玦
ㆆ	抉궈		11		09	玦	玦
ㅎ	威궈		11		09	血:玦	玦
ㆅ	穴궈		11		09	玦	玦
ㄹ	劣궈		11		09	玦	玦
ㅿ	爇궈		11		09	玦	玦

玦

正音	俗音	韻會	蒙韻	
궈				11

결과 "궈"

중성자 "궈"는 四聲通解의 韻會音으로 확인되었다. 이 밖에 임의 추출 표본조사에서도 중성자 "궈"는 확인되었다.

7.2.8. 결과

四聲通解에서는 洪武正音譯訓의 正音, 俗音을 기입했으며 그리고 今俗音을 상황에 따라 개별적으로 추가하였다. 또한 중국 韻書를 인용하였는데, 예를 들어 蒙古韻略과 古今韻會擧要의 音이다. 본 연구의 목적은 만일 四聲通解의 편찬자가 古今韻會擧要의 音을 표음하여 韻書를 편찬했었다면 古今韻會擧要音의 한글 표기가 어떤 모습을 가질 것인지 연구하는 것이다.

이에 "四聲通解에 인용한 중국 韻書 가운데 완전한 모습을 갖춘 것은 蒙古韻略과 古今韻會擧要이다"(배윤덕2003: 123-124)라는 주장을 확인해 보았다. 위 주장은 대부분 사실인 것으로 확인되었지만 古今韻會擧要의 音이 四聲通解의 正音과 다를 경우는 항상 韻會音을 기입한 것이 아니었다. 단, 四聲通解에는 韻會音이 있는 경우, 그의 중성자는 古今韻會擧要의 해당 字母韻과 연결시킬 수 있었다.

218개 중 98개의 字母韻은 四聲通解의 韻會音 表記에 따라 音表記를 확인할 수 있었다. 나머지 字母韻의 경우 韻會音이 구성되어야만 하였다.

확인과 구성으로 만들어진 音들은 다음 도표에 열거되었으며 네 카테고리로 구분하였다:

A: 四聲通解 韻會音表記는 모든 四聲에서 확인되었다.
B: 四聲通解 韻會音表記는 셋 중 하나나 두 개의 聲調에서 확인되었다[8].
C: 四聲通解에는 韻會音表記가 없다. 韻會譯訓의 音表記는 正音表記를 따른다.
D: 四聲通解에는 韻會音表記가 없다. 韻會譯訓의 音表記는 蒙韻

8) 括의 경우 入聲의 字母韻이 카테고리 B에 속하는데 이는 括 자모운이 戈果過括 同音群에 속하고 戈果過 자모운의 경우에는 중성자 "ᅯ"를 확인할 수 있었기 때문이다.

音表記를 따른다.

카테고리 A의 경우 중성자에서 상당한 명확함을 드러낸다. 나머지 카테고리, 특히 字母韻과 관련하여 소량의 小韻이 분배된 경우는 추측성이 있을 수도 있다.

도표(괄호 안의 중성자에 관하여 四聲通解 韻會音으로 확인되지 않았다)

일련 번호	平聲	上聲	去聲	中聲字	카테고리
1	公	孔	貢	ㅜㅜㅜ	A
2	弓	拱	供	ㅠ(ㅠ)(ㅠ)	B
3	岡	吭	鋼	(ㅏ)(ㅏ)(ㅏ)	C
4	江	講	絳	ㅑㅑㅑ	A
5	光	廣	誑	(ㅘ)ㅘ(ㅘ)	B
6	黃	晃		(ㅘ)(ㅘ)	C
7	莊	瓬	壯	(ㅏ)(ㅏ)(ㅏ)	C
8	揯	肯	亘	ㅡ(ㅡ)(ㅡ)	B
9	京	景	敬	ㅣㅣㅣ	A
10	經	剄	勁	(ㅖ)(ㅖ)(ㅖ)	D
11	行	杏	行	(ㅖ)(ㅖ)(ㅖ)	D
12	雄	頃		ㅠ(ㅠ)	B
13	兄			(ㅞ)	D
14	泓			(ㅞ)	D

일련 번호	平聲	上聲	去聲	中聲字	카테고리
1	貲	紫	恣	ㅡㅡㅡ	A
2	羈	己	寄	ㅣㅣㅣ	A
3	雞	啓	計	(ㅖ)(ㅖ)ㅖ	B
4	嬀	軌	媿	ㅟㅟㅟ	A
5	麾	毁	諱	ㆌ(ㆌ)(ㆌ)	B

6	規	癸	季	(ㆌ)(ㆌ)ㆌ	B
7	惟	唯	恚	(ᆒ)ᆒᆒ	B
8	孤	古	顧	ㅜ(ㅜ)ㅜ	B
9	居	擧	據	ㅠㅠㅠ	A
10	該	改	蓋	ㅐㅐㅐ	A
11	佳	解	懈	(ㅒ)ㅒ(ㅒ)	B
12	乖	掛	怪,卦	ㅙㅙㅙㅙ	A
13	歌	哿	箇	ㅓㅓㅓ	A
14	戈	果	過	ㅝㅝㅝ	A
15	牙	雅	訝	(ㅏ) (ㅏ)ㅏ	B
16	嘉	賈	駕	ㅑ (ㅑ) (ㅑ)	B
17	迦	灺	藉	ㅕㅕㅕ	A
18	嗟	且	借	(ㅕ)(ㅕ)(ㅕ)	C
19	瓜	寡	跨	ㅘ (ㅘ) (ㅘ)	B
20	瘸			(ᆑ)	C

일련 번호	平聲	上聲	去聲	中聲字	카테고리
1	干	笴	旰	ㅏㅏㅏ	A
2	間	簡	諫	(ㅑ)(ㅑ)(ㅑ)	C
3	鞬	蹇	建	ㅕㅕㅕ	A
4	堅	繭	見	ㅕ(ㅕ)(ㅕ)	B
5	賢	峴	現	(ㅕ)(ㅕ)(ㅕ)	C
6	官	管	貫	(ㅝ)ㅝㅝ	B
7	關	撰	慣	(ㅘ)ㅘㅘ	B
8	涓	畎	睊	ᆑᆑᆑ	A
9	卷	卷	攣	ㅝㅝ(ㅝ)	B
10	根	懇	艮	(ㅡ)(ㅡ)(ㅡ)	C
11	巾	謹	靳	ㅣ(ㅣ)ㅣ	B
12	欣	緊	焮	(ㅖ)(ㅖ)(ㅖ)	D
13	昆,分	衮	睔	(ㅜ)(ㅜ)ㅜㅜ	B
14	鈞	稇	攈	ㅠㅠ(ㅠ)	B
15	筠,雲	隕	運	ᆒ(ᆒ)(ᆒ)(ᆒ)	B

일련 번호	平聲	上聲	去聲	中聲字	카테고리
1	高	杲	誥	(ㅏ)(ㅏ)(ㅏ)	C
2	交	絞	教	(ㅑ)(ㅑ)(ㅑ)	C
3	驕	矯	撟	ㅕ(ㅕ)(ㅕ)	B
4	驍	皎	叫	(ㅕ)ㅕ(ㅕ)	B
5	鉤	耇	冓	(ㅡ)(ㅡ)(ㅡ)	C
6	鳩	九	救	ㅣㅣㅣ	A
7	樛	糾	齅	(ㅖ)(ㅖ)(ㅖ)	D
8	裒	掊	戊	ㅜ(ㅜ)(ㅜ)	B
9	浮	婦	復	(ㅝ)(ㅝ)(ㅝ)	D

일련 번호	平聲	上聲	去聲	中聲字	카테고리
1	金	錦	禁	ㅣ(ㅣ)ㅣ	B
2	歆			(ㅖ)	D
3	簪		譖	(ㅡ) (ㅡ)	C
4	甘	感	紺	ㅏ(ㅏ)(ㅏ)	B
5	緘	減	鑑	(ㅑ)(ㅑ)(ㅑ)	C
6	箝	檢	劒	ㅕ(ㅕ)(ㅕ)	B
7	兼	歉	歉	(ㅕ)(ㅕ)(ㅕ)	C
8	嫌			(ㅕ)	C
9	杴			(ㅕ)	C

일련번호	入聲	平上去聲	中聲字	카테고리
1	穀	孤古顧ㅜ(ㅜ)ㅜ	ㅜ	A
2	匊	居擧據ㅠㅠㅠ	ㅠ	A
3	各	高杲誥(ㅏ)(ㅏ)(ㅏ)	(ㅏ)	C
4	覺	交絞教(ㅑ)(ㅑ)(ㅑ)	(ㅑ)	C
5	脚	驕矯撟ㅕ(ㅕ)(ㅕ)	(ㅕ)	D
6	爵	驍皎叫(ㅕ)ㅕ(ㅕ)	(ㅕ)	D
7	郭		(ㅘ)	C

8	矍		(ㆊ)	D
9	克		(ㆋ)	C
10	黑		(ㆋ)	C
11	訖	羈己寄ㅣㅣㅣ	ㅣ	A
12	吉	雞啓計(ㅖ)(ㅖ)ㅖ	(ㅖ)	D
13	櫛	貲紫恣ㅡㅡㅡ	(ㅡ)	C
14	國	嬀軌媿ㅟㅟㅟ	ㅟ	A
15	洫	麾毁諱ㆌ(ㆌ)(ㆌ)	(ㆌ)	C
16	橘	規癸季(ㆌ)(ㆌ)ㆌ	ㆌ	A
17	聿	惟唯恚(ㆌ)ㆌㆌ	(ㆌ)	D
18	額	該改蓋ㅐㅐㅐ	ㅐ	A
19	格	佳解懈(ㅒ)ㅒ(ㅒ)	(ㅒ)	D
20	虢	乖掛怪ㅙㅙㅙ	ㅙ	A
21	怛	牙雅訝(ㅏ)(ㅏ)ㅏ	(ㅏ)	C
22	葛	歌哿箇ㆎㆎㆎ	ㆎ	A
23	戛	嘉賈駕ㅑ(ㅑ)(ㅑ)	ㅑ	A
24	訐	迦灺藉ㅕㅕㅕ	ㅕ	A
25	結	嗟且借(ㅕ)(ㅕ)(ㅕ)	ㅕ	A
26	括	戈果過ㅝㅝㅝ	(ㅝ)	B
27	刮	瓜寡跨ㅘ(ㅘ)(ㅘ)	ㅘ	A
28	厥	瘸(ㆊ)	(ㆊ)	C
29	玦		ㆊ	A

본 연구의 가장 중요한 결과는 四聲通解의 편찬자가 어떤 방식으로 편찬을 진행했는지 알아보는데 있다:

- 古今韻會擧要의 音들은 四聲通解에서 대부분 볼 수 있다.
- 四聲通解의 正音이 古今韻會擧要의 音과 차이를 보이는 다수의 경우 四聲通解에는 韻會音이 기입되었다. 하지만 이는 韻會音이 기입되지 않은 경우 자동적으로 古今韻會擧要의 音이 四聲通解의 正音과 일치한다는 뜻은 아니다.

• 四聲通解의 편찬자가 항상 古今韻會擧要의 音을 기입하지 않았고, 특히 四聲通解에서 古今韻會擧要의 音과 蒙韻音이 동일할 경우에는 蒙韻音만 기입한 경우가 흔히 있다.

아마도 崔世珍은 四聲通解의 독자가 蒙韻音과 韻會音이 대부분 일치한다는 것을 알고 있다고 생각하면서 韻會音을 단지 산발적으로 기입하였으며, 특히 韻會音이 蒙韻音과 차이를 보일 때 그리한 것으로 생각된다.

본 연구결과를 통해 崔世珍이 韻會譯訓을 편찬했었다면 어떤 漢字音表記를 선택했는지 알아볼 수 있다.

韻會譯訓 중성자의 성격을 설명하기 위해서 洪武正韻譯訓의 중성자와 비교하고자 한다.

洪武正韻譯訓

Au[9]	ㅇ		ㄴ	ㅱ	ㅁ
開	ㅏㅢ	ㅏㅐㅓㅡ	ㅏㅓㅡ	ㅏㅡ	ㅏㅡ
齊	ㅑㅣ	ㅑㅒㅕㅖㅣ	ㅑㅕㅣ	ㅑㅕㅣ	ㅑㅕㅣ
合	ㅘㅜㅟ	ㅘㅙㅜㅝㅟ	ㅘㅜㅝ		
撮	ㅠㆌ	ㅠㆊ	ㅠㆊ		

韻會譯訓

Au	ㅇ		ㄴ	ㅱ	ㅁ
開	ㅏㅡ	ㅏㅐㅓㅡㅢ	ㅏㅡ	ㅏㅡ	ㅏㅡ
齊	ㅑㅣㅖ	ㅑㅒㅕㅖㅣ	ㅑㅕㅖㅣ	ㅑㅕㅖㅣ	ㅑㅕㅖㅣ
合	ㅜㅘ	ㅘㅙㅜㅝㅟ	ㅘㅜㅝ	ㅜㅝ	
撮	ㅠㆋ	ㆉㅠㆊㆋㆌ	ㅠㆊㆋ		

9) Au = 終聲字

終聲字	ㆁ		ㄴ	ㅱ	ㅁ
洪武正韻譯訓만	ㅢ ㆌ ㅟ		ㅓ		
韻會譯訓만	ㅡ ㅖ ᆒ	ㅢ ㆉ ᆒ ㆌ	ㅖ ᆒ	ㅖ ㅜ ㅝ	ㅖ

도표를 통하여 비교한 결과 洪武正韻譯訓보다 韻會譯訓에 더 많은 중성자가 있음을 알 수 있다. 이는 洪武正韻譯訓의 편찬자들이 정확하게 22개 韻마다 각각 최대 4개의 중성자를 택한 것과 연관이 있다(開, 齊, 合 그리고 撮 音에 중성자를 최대 하나 기입, 6장 참고). 韻會音의 중성자 선택시 이와 같은 제한은 두지 않았다.

부록 1

四聲通解의 韻會音과 蒙韻音의 차이

1. 개요

위의 조사에 따르면 四聲通解에 기입된 蒙韻音은 아주 소수의 경우 여기에서 구성된 古今韻會擧要의 음과 차이를 보이고 있다. 四聲通解에 기입된 약 80%의 韻會音은 동일한 表記를 가진 蒙韻音이 있다. 다만 10% 보다 적은 경우 四聲通解의 蒙韻音과 四聲通解의 韻會音이 서로 차이를 보인다. 임의 추출 표본조사 또한 古今韻會擧要音이 正音과 차이를 보이는 경우, 四聲通解에서 韻會音 대신 蒙韻音을 자주 사용하였음을 보여주고 있다. 결과적으로, 蒙韻音을 기반으로 한 근원자료는 古今韻會擧要音과 상당 부분 유사점을 보이고 있는 것으로 보인다. 하지만 차이점도 있다. 아래에서는 이 차이점에 대해 더 자세히 알아보고 그 원인에 대하여 알아보기로 한다.

四聲通解 내 蒙韻音과 韻會音 사이의 차이점을 네 그룹으로 나눌 수 있다:

- 禮部韻略七音三十六母通攷의 況 字母韻
- 중성 "ᅿ"와 관련된 것
- 雄과 頃 字母韻 (종성 ㅇ)
- 개개의 경우

2. 禮部韻略七音三十六母通攷에만 등장하는 況 字母韻

古今韻會擧要에는 앞 부분에 이미 언급한 것과 같이 字母韻이 두 번 기입되어 있다:

- 古今韻會擧要 본문 중 해당 字母韻이 분류된 小韻 뒤에 오는 운의 경우
- 본문 앞에 있는 禮部韻略七音三十六母通攷에서

여기서는 단지 字母韻과 관련된 아주 적은 본질적 차이점을 밝힐 수 있었다. 중요한 차이점 중에 하나는 禮部韻略七音三十六母通攷에는 況 字母韻이 있고 본문에는 況 字母韻이 없다는 것이다. 禮部韻略七音三十六母通攷에는 況 小韻이 況 字母韻을 가지고 있다. 그러나 古今韻會擧要 본문에는 況 小韻이 絳 字母韻(去聲韻二十三)을 가진다. 況 小韻은 四聲通解 내 韻會音과 蒙韻音에 대하여 다음과 같은 기록이 있다: "韻會音向蒙韻俗音ㆉ". 向은 四聲通解에서 正音 "ㅎㅑㆁ"으로 되어 있다.

四聲通解				韻會		
音	字	韻會	蒙韻	字母韻		
					禮部	韻會
曉ㅎㅘㆁ	怳	-	蒙音 [ㅎㆇㅇ]	22	講	講
曉ㅎㅘㆁ	況	音向	ㅎㆇㅇ	23	況	絳

이와 동시에 四聲通解 上聲에서 怳 아래 음각으로 (검은 바탕에 하얀 글씨) "ㅎㆇㆁ"라고 音 표기가 되어 있음을 발견할 수 있다. 講과 絳 字母韻 때문에 중성자 "ㅑ"를 기대할 수 있다.

況 小韻의 경우 禮部韻略七音三十六母通攷의 字母韻과 古今韻會擧要 본문의 字母韻이 서로 다른 모습을 보이는데, 여기에서 추론을

하자면 韻會音이 古今韻會擧要 본문의 字母韻을, 蒙韻音이 禮部韻略七音三十六母通攷의 字母韻을 따르고 있다고 볼 수 있다.

하지만 이 결과를 일반화할 수는 없다. 먼저 韻會音과 蒙韻音이 차이를 보이는 대부분의 경우 禮部韻略七音三十六母通攷과 古今韻會擧要 본문의 字母韻이 동일하기 때문이다. 그리고 두 字母韻이 다를 경우 蒙韻音은 항상 그렇지는 않지만 상당히 자주 아래의 보기와 같이 禮部韻略七音三十六母通攷의 字母韻을 따르는 추세를 보이는 경우가 있다.

		四聲通解 韻會音	四聲通解 蒙韻音	禮部 字母韻	본문 字母韻	古今韻會擧要에서의 기록	蒙韻音
ㅇㆌㅇ	縈	ㆆㅜㅇ	ㆆㅜㅇ	弓(ㅠ)	公(ㅜ)	蒙韻屬弓字母韻	본문
ㄱㅣㅇ	耿	拱子母韻	-	剄(ㅣ)	拱(ㅠ)	音與剄同	(禮部)
ㅎㅘㅇ	況	音向(ㅑ)	ㅎㆇㅇ	況(ㆇ)	絳(ㅑ)		禮部
ㅃㅟㅇ	韼			杏(ㅖ)	肯(ㅡ)		둘 다 아님
ㆆㆌㅇ	瑩	ㆆㅣㅇ	ㆆㅜㅇ	敬(ㅣ)	縈定切 (ㅣ)	蒙古韻瑩屬敬韻	둘 다 아님
ㅎㅟ	暉	ㅎㆌ	ㅎㆌ	麾(ㆌ)	規(ㆉ)		禮部
ㅁㅝ	麽	ㅓ類	ㅁㅓ	果(ㅝ)	哿(ㅓ)		본문
ㅎㅣㄴ	釁	-	ㅎㅖㄴ	焮(ㅖ)	攗(ㅠ)		(禮部)
ㅎㆌ	殈	ㅎㆉ	ㅎㅟ	洫(ㆌ)	橘(ㆉ)		禮部와 비슷
ㅁㅝ	末			括(ㅝ)	葛(ㅓ)	蒙古韻末屬括韻	(禮部)

況 小韻과 관련하여 古今韻會擧要에 다음과 같은 기록이 있다: "蒙韻況屬況韻". 兪昌均(1974, 37-38)은 古今韻會擧要에서 蒙韻音의 언급이 있는 44개의 종류의 예를 찾아 열거하였는데 이들 중 19개는 字母韻과 관련된 것이다.

그렇다면 蒙韻音은 古今韻會擧要의 이러한 기록을 따르고 있는가?

況 小韻의 예에서는 이 질문에 대해 긍정적인 답을 줄 수 있겠지만 瑩 小韻과 같은 다른 예에서는 "蒙古韻瑩屬敬韻"라는 기록에 의거하여 중성 "ㅣ"가 기입되어야 하는 자리에 실질적인 蒙韻音은 "ㆆㅜㆁ"으로 기입되어 있다.

四聲通解 편찬자들의 작업방식 중 한자 縈에 대한 아래 기록은 시사하는 바가 많다: "韻會蒙韻ㆆㅜㆁ韻會云蒙韻屬弓字母韻則音ㆆㅠㆁ". 이를 풀이하자면, 四聲通解의 韻會音과 蒙韻音은 "ㆆㅜㆁ"이다. 四聲通解에 따르면 古今韻會擧要가 말하기를 蒙韻音은 弓 字母韻에 속한다고 주장하면서 이에 따른 音은 "ㆆㅠㆁ"이라고 한다. 이는 四聲通解가 참고한 蒙韻과 古今韻會擧要가 참고한 蒙韻은 똑같지 않다는 것을 의미하는 것으로 추측된다.

3. 중성자 "ㅓ"와 관련된 차이점과 雄/頃 字母韻에서 나타나는 차이점

韻會音으로서 중성자 "ㅓ" 또는 "ㅝ"를 갖고 있는 몇몇 경우는 중성자 "ㅓ"를 갖고 있는 蒙韻音의 경우가 몇몇 있다. 특히 눈에 띄는 것은 官管貫 字母韻 6(n)이다. 이것은 韻會音으로 중성자 "ㅝ"가 확인되어 있지만 49개의 모든 표본조사에서는 蒙韻音 "ㅓ"이 기입되어 있다.

13歌哿箇 字母韻과 14戈果過 字母韻 그리고 22 (入聲) 葛 字母韻과26 (入聲) 括 字母韻의 경우에는 뒤섞임이 나타나고 있다. 13 歌哿箇 字母韻의 경우, 韻會音의 중성자로 "ㅓ"가 기입되어 있고, 蒙韻音의 중성자로 "ㅓ"가 기입된 예가 있고 중성자 "ㅓ"가 기입된 예도 있다. 字母韻 22 (入聲) 葛은 韻會音과 蒙韻音에 중성자 "ㅓ"가 증명되고 있지만 표본조사 과반수의 경우 蒙韻音으로 중성자 "ㅓ"이 나타나고 있다. 14 戈果過 字母韻은 韻會音에 중성자 "ㅝ"가 나타난 많은

예가 있지만 중성자 “ᅿ”의 경우 여러 예외가 기입되어 있다. 26 (入聲) 括 字母韻은 대부분의 경우 蒙韻音 중성자 “ᅿ”로 되어 있다.

그 밖에 중성자 “ᅿ”는 字母韻 9 (mh) 浮婦復에 나온다. 여기서는 해당되는 세 가지 小韻 모두 蒙韻音의 중성자 “ᅿ”로 되어 있다.

四聲通解 내 韻 15 (洪武正韻譯訓에서는 韻 14)에 기입된 주해 “諸字中聲蒙韻皆讀如ㅗ”는 잘 고려해야 하는 부분이다. 동일한 韻들에서 蒙韻音은 중성자 “ᅿ”, “ㅝ” 또는 “ㅓ”라고 기입되어 있다.

四聲通解의 韻會音과 四聲通解의 蒙韻音의 차이점들은 字母韻 12(종성자 ㅇ을 가짐): 雄頃에서 자주 나타난다. 여기에서는 雄에 韻會 중성자 “ㅠ”가 기입되어 있다. 蒙韻音은 여기에서 다섯 중 세 경우 중성자 “ㅛ”로 되어 있다.

四聲通解				韻會		
音	字	韻會	蒙韻	字母韻		
					禮部	韻會
見ㄱㆌㅇ	局	ㄱㅠㅇ	ㄱㅛㅇ	09b	雄	雄
溪ㅋㆌㅇ	傾	ㅋㅠㅇ	ㅋㅛㅇ	08b	雄	雄
群ㄲㆌㅇ	瓊	-	ㄲㅛㅇ	08b	雄	雄
影ㆆㆌㆁ	泓	-	ㆆㆋㆁ	08b	弘	雄
喩ㅇㆌㅇ	熒	ㆅㅠㅇ	ㆅㅜㅇ	09b	雄	雄
曉ㅎㆌㆁ	詗	-	ㅎㅠㅇ	24	頃	頃
匣ㆅㆌㆁ	迥	-	ㆅㅛㅇ	24	頃	頃

이 차이점들의 이유는 무엇일까? 답을 찾기 위해 蒙古字韻을 살펴보도록 한다. 蒙古字韻은 15개의 운을 가지고 있다. 이 운들은 古今韻會學要에서의 字母韻과 비슷한 字母韻으로 분류할 수 있다(p.285-288 참고). 하지만 古今韻會學要와 蒙古字韻의 본질적인 차이가 있다. 古今韻會學要에는 동일한 字母韻이 여러 韻들에 등장하는 반면, 蒙古字韻의 字母韻의 경우 15개의 韻으로 세분하고 동일한 字母韻이

즉 동일한 중성 표기가 딱 한 韻에만 있을 수 있다.

만일 현존하는 蒙古字韻의 파스파문자 音 표기를 따르면 一東韻에서의 弓 字母韻과 二庚韻에서의 扃/雄 字母韻은 같은 중성자와 종성자를 가지고 있어야 한다. 蒙古字韻의 字母韻을 한글로 쓴다면 이 두 경우 중성자 "ㅠ"가 올 것이다. 그러나 四聲通解의 蒙韻音은 扃/雄 字母韻이 중성자 "ㅛ"로 기입되면서 한글 표기 시 동일하지 않은 韻의 경우에는 동일한 중성자와 종성자를 피하는 것이라는 뜻이다.

蒙古字韻의 九先韻의 卷 字母韻과 八寒韻의 岏/官 字母韻이 비슷한 경우이다(p.287 참고). 그러나 卷 字母韻과 官(岏) 字母韻은 四聲通解의 韻會音의 중성자가 동일하게 "ㅝ"로 있지만 四聲通解의 蒙韻音은 卷 字母韻의 경우 중성자가 "ㅝ"로 있고 官(岏) 字母韻의 경우 "ㅚ"로 되어 있다 (p.166-167과 p.155-158 참고). 사실상 두 字母韻의 경우 蒙古字韻의 파스파문자의 音 표기가 완벽하게 일치하지는 않지만 韻會音에서 그런 것처럼 蒙韻音의 중성자 모두 "ㅝ"로 표기할 수 있을 것이다. 그러나 왜 四聲通解의 卷 字母韻과 官(岏) 字母韻의 蒙韻音은 일치하지 않을까? 岏/官 字母韻이 蒙古字韻의 八寒韻에 속하고 卷 字母韻이 九先韻에 속한다는 사실과 관계없지 않는 것 같다.

위의 조사를 결과로 하여 다음과 같은 가설을 세워 본다:

- 四聲通解의 蒙韻音은 蒙古字韻과 비슷하게 韻이 구성된 근원자료를 바탕으로 만들어졌다.
- 四聲通解 蒙韻音의 바탕이 된 근원자료는 －四聲通解의 편찬자 입장에서 볼 때－ 같은 중성과 종성을 딱 한 韻에만 허용하는 것이다. 이 사실은 四聲通解의 蒙韻音 연구를 통해 발견할 수 있었다.

四聲通解의 音들은 이로써 무조건 실질적인 독음이 기입되어 있지 않다는 것을 확인할 수 있다. 이는 韻 15(洪武正韻譯訓에서는 韻 14)에서 蒙韻音을 중성자 "ㆇ", "ㆊ" 혹은 "ㅓ"으로 기입하였지만 "諸字中聲蒙韻皆讀如ㅗ"라는 주석으로 설명하고 있는 것에서도 나타난다. 그래서 四聲通解에 기입된 音들은 ― 蒙韻音에도 해당되는데 ― 형식적인 音을 기준으로 하는 경우도 있다고 보여진다. 四聲通解는 蒙韻을 기반한 근원자료에서 동일하지 않은 韻에 있는 한자를 동일한 중・종성자로 표기하는 것을 허용하지 않는다. 하지만 古今韻會擧要는 이와 달리 여러 韻들에 같은 字母韻이 있을 수 있고 또 韻이 동일하지 않아도 같은 중성자를 가질 수 있다. 이로써 蒙韻音의 중성자 "ㆇ"와 "ㅛ"는 아마도 인위적인 音으로서 일치하지 않는 韻에는 같은 표기를 방지하기 위한 것으로 보인다.

부록 2

파스파문자로 된 蒙古字韻의 字母韻과 한글로 된 古今韻會擧要의 字母韻 대조

여기에서는 四聲通解를 기반으로 구성된 한글로 표기된 古今韻會擧要의 音과 현존하는 蒙古字韻의 音을 대조하고자 한다. 단 본 대조는 중성자 표기에만 제한되어 있다. 물론 이와 같은 대조를 위해서는 파스파문자로 기록된 蒙韻音을 기반으로 한 근원자료와 四聲通解 내에 한글로 기록된 蒙韻音을 비교하여야 한다. 四聲通解의 권두 범례에는 蒙古韻略에 대해 언급하고 있으므로 蒙古韻略이 근원자료일 가능성이 높다. 그러나 파스파문자로 쓰여진 현존 운서는 蒙古字韻 하나이기 때문에 이 운서를 가지고 대조하기로 한다. 부록 1에서 四聲通解의 韻會音과 蒙韻音의 차이를 다루었다. 이 차이점을 고려하여 파스파문자로 된 蒙古字韻의 字母韻과 한글로 된 古今韻會擧要의 字母韻을 대조하고자 한다.

"현재 전하는 이 蒙古字韻 필사본은 원조의 멸망과 함께 파스파문자가 死字가 된 지 수 백년이 지난 淸代에 필사된 것이기 때문에 파스파자의 글자체나 필획상의 오류가 상당히 많다"(崔玲愛 2003: 91)[1]는 언급도 당연히 고려해야 한다.

아래의 표를 설명하면 다음과 같다. 崔玲愛 (2003: 102-103)[2]의 예

1) 현재 전하는 이 '蒙古字韻필사본'에 대한 추가내용과 蒙古字韻과 古今韻會擧要 사이의 관계에 대해서는 정광(2009) 참조.

를 따라 처음 두 세로줄에는 蒙古字韻의 15개의 韻 및 字母韻을 기입하였다. 그 다음 세로줄에는 古今韻會擧要(韻會로 줄여 사용)의 字母韻, 단 平聲과 入聲의 字母韻만 기입된다. 그 다음 두 세로줄에는 崔玲愛 (2003: 102-103) 과 曺喜武 (1996: 53)의 방식을 따라 蒙古字韻 字母韻의 재현된 音들이 기입된다[3]. 그 다음 세로줄에는 吉池孝一(2014)의 독음 표기 방식을 따라 본인이 만든 파스파문자의 독음 표기(로마자 표기)로 蒙古字韻 字母韻의 중성자가 기입되어 있다:

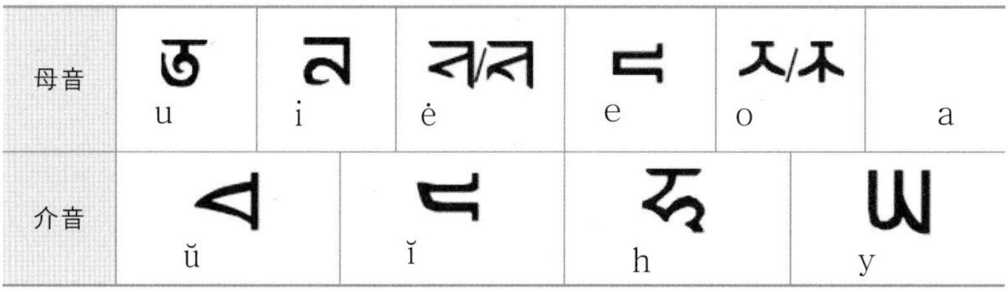

母音	u	i	ė	e	o	a
介音	ŭ	ĭ	h	y		

마지막 세로줄에는 위 연구로 구성된 古今韻會擧要의 한글 표기音이다. 蒙韻音과의 차이점이 있을 경우 韻會音(韻)과 蒙韻音(蒙)이 둘 다 기록되어 있다.[4]

蒙古字韻 韻/字母韻		韻會 字母韻	蒙古字韻 ('崔玲愛 2003: 102-103'을 참조하여 구성)	蒙古字韻 ('曺喜武1996: 53'을 참조하여 구성)	蒙古字韻 (편의상 파스파문자 대신 로마자 표기를 사용)	四聲通解의 韻會音과 蒙韻音
一東	公	公	-uŋ	uŋ	u	ㅜ
	弓	弓	-ėuŋ	euŋ	ĭu	ㅠ
二庚	驚	京	-iŋ	iəŋ	i	ㅣ
	揯	揯	-hiŋ	əŋ	hi	ㅡ

2) 崔玲愛(2003: 102-103)는 寧忌浮(1997: 160)를 따르고 있다.

3) 曺喜武(1996)과 崔玲愛(2003)의 재현물은 모두 照那斯圖 · 楊耐思(1987)을 기본으로 하고 있다.

4) 十四歌韻의 경우에는 四聲通解의 蒙韻音이 뒤섞여 나타나고 있다. 이 사실은 아래의 도표에 기입되어 있지 않다. 부록1 p.280-281 참고.

	扃	雄	-ėuŋ	euŋ	ĭu	韻ㅠ蒙ㅛ
	庚	經	-ėiŋ	eiəŋ	ĭi	ㅖ
	-	兄	[-ėiŋ]	uiəŋ	[ĭi]	ㆋ
	泓	泓	-u̯uŋ	uuŋ	ŭu	ㆋ
	行	行	-ħėiŋ(-ħiiŋ)	eiəŋ	ĭi	ㅖ
三陽	岡	岡	-aŋ	aŋ	a	ㅏ
	薑	江	-ėŋ(-iaŋ)	iəŋ	ĭa	ㅑ
	光	光	-u̯aŋ	uaŋ	ŭa	ㅘ
	莊	莊	-haŋ	haŋ	ha	ㅏ
	黃	黃	-oŋ	oŋ	o	ㅘ
	況	況 (禮部)	-u̯ėŋ	oŋ	ŭĭ	ㆇ

四支	羈	羈 / 訖	-i	i	i	ㅣ
	菑	貲 / 櫛	-hi	ï	hi	ㅡ
	鷄	鷄 / 吉	-ėi	ei	ĭi	ㅖ
	嬀	嬀 / 國	-ue	uɛ	uė	ㅝ
	規	規 / 橘	-ėue(-iue)	euɛ	ĭuė	ㆌ
	-	麾 / 洫	[-ėue(-iue)]	euɛ	[ĭuė]	ㆌ
	恚	惟 / 聿	-u̯i	ui	ŭi	ㆋ
五魚	孤	孤 / 穀	-u	u	u	ㅜ
	居	居 / 匊	-ėu	eu	ĭu	ㅠ
六佳	該	該 / 額	-aj	ai	ay	ㅐ
	乖	乖 / 虢	-u̯aj	uai	ŭay	ㅙ
	佳	佳 / 格	-iaj	iai	ŭay	ㅒ
	刻	- / 克	-hij	əi	hiy	ㅢ
	黑	- / 黑	-ij	əi	iy	ㅢ
十四歌	歌	歌 / 葛	-o	o	o	ㅓ
	戈	戈 / 括	-u̯o	uo	ŭo	ㅝ
十五麻	結	嗟 / 結	-ė	e	ĭ	ㅕ
	瓜	瓜 / 刮	-u̯a	ua	ŭa	ㅘ
	嘉	嘉 / 戛	-ė(-ia)	ia	ĭa	ㅑ

	缺	玦	-u̯ė	ue	ŭĭ	ㅧ
	厥	瘚 / 厥	-u̯e	uɛ	ŭŭ	ㅧ
	打	牙 / 怛	-a	a	[a]	ㅏ
	迦	迦 / 訐	-e	ɛ	[ŭ]	ㅕ

七眞	巾	巾	-in	iən	i	ㅣ
	昆	昆, 分	-un	uən	u	ㅜ
	君	鈞	-ėun	euən	ĭu	ㅠ
	根	根	-hin	ən	hi	ㅡ
	緊	欣	-ėin	eiən	ĭi	ㅖ
	贇	筠,雲	-u̯in	iuən	ŭi	ㅞ
八寒	干	干	-an	an	a	ㅏ
	岏	官	-on	on	o	韻거蒙고
	關	關	-u̯an	uan	ŭa	ㅘ
	閒	間	-ėn(-ian)	ian	ĭa	ㅑ
九先	扌梟	鞬	-en	ɛn	ŭ	ㅕ
	堅	堅	-ėn	en	ĭ	ㅕ
	涓	涓	-u̯ėn	uen	ŭĭ	ㅧ
	卷	卷	-ėon	eon	ĭo	ㅝ
	賢	賢	-ėen	eɛn	ĭŭ	ㅕ

十蕭	高	高 /各	-aw	au	a	ㅏ
	驕	驕 /脚	-ew	ɛu	ŭ	ㅕ
	驍	驍 / 爵	-ėw	eu	ĭ	ㅕ
	郭	- / 郭	-u̯aw	uau	ŭa	ㅘ
	交	交 / 覺	-ėw(-iaw)	iau	ĭa	ㅑ
	玃	- /矍	-u̯ėw	ueu	ŭĭ	ㅧ
十一尤	鳩	鳩	-iw	iu	i	ㅣ
	剖	裒	-uw	uu	u	ㅜ
	鉤	鉤	-hiw	əu	hi	ㅡ
	樛	樛	-ėiw	eiu	ĭi	ㅖ
	浮	浮	-u̯ow	ou	o	韻거蒙고

十二覃	甘	甘	-am	am	a	ㅏ
	檢	箝	-em	ɛm	ŭ	ㅕ
	兼	兼	-ėm	em	ĭ	ㅕ
	緘	緘	-iam	iam	ĭa	ㅑ
	杴	杴	-ėem	eɛm	ĭŭ	ㅕ
	-	嫌	[-ėem]	eɛm	[ĭŭ]	ㅕ
十三侵	金	金	-im	iəm	i	ㅣ
	簪	簪	-him	əm	hi	ㅡ
	歆	歆	-ėim	eiəm	ĭi	ㅖ

字母韻	蒙古字韻의 파스파 문자 독음 표기 (편의상 파스파문자 대신 로마자 표기를 사용)	四聲通解의 한글 표기
岡,打,干,高,甘	a	ㅏ
莊	ha	ㅏ
該	ay	ㅐ
揯, 菑, 根, 鉤, 簪	hi	ㅡ
刻	hiy	ㅢ
黑	iy	ㅢ
驚, 羈, 巾, 鳩, 金	i	ㅣ
公, 孤, 昆, 剖	u	ㅜ
嬀	uė	ㅟ
結, 堅, 驍, 兼	ĭ	ㅕ
薑, 嘉, 閒, 交, 緘	ĭa	ㅑ
行, 庚, 鷄, 緊, 樛, 歆	ĭi	ㅖ
卷	ĭo	ㅝ
弓, 扃, 居, 君	ĭu	ㅠ
賢, 杴	ĭŭ	ㅕ
迦, 扌梟, 驕, 檢	ŭ	ㅕ
光, 瓜, 關, 郭	ŭa	ㅘ
恚, 贇	ŭi	ㆋ
戈	ŭo	ㅝ
泓	ŭu	ㆋ
缺, 涓, 玃	ŭĭ	ㆊ
厥	ŭŭ	ㆊ

예외:

蒙古字韻 파스파문자의 音과 四聲通解의 韻會音이 아무런 설명 없이는 대조를 확인할 수 없는 세 경우가 있고, 이와 더불어 아래의 개별적인 두 경우가 있다.

1)

乖	ŭay	ᅫ
佳	ŭay (〉 ĭay)	ᅤ

중성 표기 "ŭay"는 六佳韻의 나란히 자리한 두 字母韻 乖과 佳에서 나온다. 이는 아마도 오기인 것 같다. 曺喜武(1996, 53)이 이를 고쳐 재현하기를 乖 字母韻의 중성 표기는 "ṷaj"로 그리고 佳 字母韻의 중성 표기는 "iaj"로 재현한 것이다. 이로써 蒙古字韻의 "ŭay"은 四聲通解의 "ᅫ"와 상응한다. 佳(四聲通解 중성자 "ᅤ")를 위해 蒙古字韻에서는 중성 표기 "ĭay"으로 재현 가능했을 것이다.

2)

規	ĭuė	ᆈ
(麾)	[ĭuė]	ᆔ

古今韻會擧要의 麾 字母韻과 洫 字母韻이 蒙古字韻에서 四支韻의 規 字母韻으로 통합되었다. 四聲通解에서는 이 두 字母韻이 古今韻會擧要에서처럼 분리되어 다뤄졌고 각각 다른 韻會音을 가지고 있다.

3)

黃	o	ᅪ
歌	o	ᅥ
岏 (官)	o	韻ᅯ蒙ᅩ
浮	o	韻ᅯ蒙ᅩ

黃晃 同音群에 경우에는 黃 字母韻(平下七韻)과 晃 字母韻(上聲二十二韻)밖에 없다. 黃 字母韻은 平下七韻에서만 나온다(禮部韻略七音三十六母通攷와 古今韻會擧要의 본문에서도 마찬가지). 이 두 경우에서 黃은 단 하나의 小韻이다. 晃 字母韻은 단지 上聲二十二韻에서만 나온다 (禮部韻略七音三十六母通攷와 古今韻會擧要의 본문에서도 마찬가지). 이 두 경우에서 晃은 단 하나의 小韻이다. 四聲通解에는 黃과 晃 小韻의 正音 중성자가 "ᅪ"이고 韻會音과 蒙韻音은 없다.

韻 15(洪武正韻譯訓에서는 韻 14) 앞에 쓰인 四聲通解의 주석을 고려해 보자: "諸字中聲蒙韻皆讀如ㅗ". 동일한 韻에서 "ᆛ", "ᅯ" 혹은 "ㅓ"의 중성자를 가진 蒙韻音이 기입된다. 이는 四聲通解에 기록된 蒙韻音을 讀音방식과 中聲字기입방식 사이에서 구별해야 한다는 것을 의미한다. 단 蒙古字韻에서 十四歌 韻 내에 歌 ("o") 과 戈 ("ŭo")의 중성 표기가 따로 구별되어짐을 주의해야 한다.

官 字母韻의 경우 四聲通解에서 韻會音과 蒙韻音이 서로 차이를 보이고 있다 (韻會音 중성자 ᅯ / 蒙韻音 중성자 ᆛ).

"ᅯ" / "ᆛ"라는 다른 표기 방식을 택함으로써 한글 표기 시 동일한 중성자와 종성자가 각각 다른 韻에 나타나는 것을 방지하기 위한 것이다(부록 1 참조), 즉 岏(蒙古字韻 八韻寒)은 韻會音이 "ᅯ"다. 단 卷 (蒙古字韻 九韻先)도 마찬가지로 韻會音이 "ᅯ"다. 蒙韻의 경우에는 다른 韻에는 동일한 중성자와 종성자가 있을 수 없으므로 岏 蒙韻音의 중성자는 "ᆛ"로 되었음을 추측할 수 있다.

四聲通解에서 浮婦復 同音群의 경우 각 聲마다 하나의 小韻에서만 초성자 ㅹ와 연결되어 나타난다. 이 세 경우 모두 正音의 중성자는 "ㅡ"이고 蒙韻音의 중성자는 "ᆛ"[5]이다.

5) 蒙古字韻 모음 "o"의 표기와 발음에 대한 논의 정광(2009: 47-48) 참고.

개별적인 예외:

1)

(兄)	[ĭi]	ᆒ

兄 (二庚韻)은 古今韻會擧要에서는 字母韻이나 蒙古字韻에서는 字母韻이 아니다. 蒙古字韻에서는 兄이 중성 표기 "ĭi"을 가진 庚 字母韻의 마지막 小韻으로 나온다. 古今韻會擧要의 兄 字母韻은 四聲通解를 기반으로 하여 한글 표기 "ᆒ"로 구성될 수 있었다. 曺喜武(1996, 53)은 庚의 중성 표기로 "eiə"가 기입되어 있고 兄의 중성 표기로 "uiə"가 기입되어 있어, 兄이 蒙古字韻에 중성 표기 "ĭi"를 가진 庚 字母韻의 마지막 小韻으로 나오는 것은 현존 蒙古字韻의 실수로 보는 것 같다.

2)

况	ŭĭ	蒙ᆤ

况은 蒙古字韻과 禮部韻略七音三十六母通攷에서 동일한 字母韻이나 古今韻會擧要의 본문에서는 字母韻이 아니다. 古今韻會擧要 본문에서는 絳 字母韻에 속하며 중성자 "ㅑ"를 가지고 있다. (蒙古字韻表記 "ŭĭ"는 缺, 涓, 玃 字母韻의 경우에는 한글 "ᆏ"에 대응한다).

파스파문자로 된 蒙古字韻의 字母韻과 한글로 된 古今韻會擧要의 字母韻을 비교하면 그 내용이 대부분 일치하고 소수의 경우가 예외임을 확인할 수 있었다.

아래 도표는 蒙古字韻의 파스파문자와 그에 대응하는 한글 표기이다.

蒙古字韻의 파스파 문자 독음 표기 (편의상 파스파문자 대신 로마자 표기를 사용)	四聲通解의 한글 표기
a, ha	ㅏ
ay	ㅐ
ĭa	ㅑ
ĭay	ㅒ
ŭ, ĭ, ĭŭ	ㅕ
ĭi	ㅖ
o	ㅗ
ŭa	ㅘ
ŭay	ㅙ
ĭuė	ㆇ
u	ㅜ
ĭo , ŭo	ㅝ
uė	ㅟ
ĭu	ㅠ
ŭĭ, ŭŭ	ㆊ
ŭi, ŭu	ㆋ
hi	ㅡ
iy , hiy	ㅢ
i	ㅣ

蒙韻音을 기반으로 한 근원자료는 현존하지 않는다. 이 논고에서 四聲通解의 모든 蒙韻音이 조사되지는 않았으며 조사범위도 중성 표기에만 국한되어 있다. 그렇기 때문에 四聲通解 내 蒙韻音 규정 방법에 대한 설명은 쉽지 않다. 그러나 四聲通解의 편찬자들이 蒙韻音 중성자의 선택시 모든 경우 파스파문자의 音을 그대로 한글로 옮긴 것이 아니라, 적은 부분이기는 하나 蒙韻音을 기반으로 한 근원자료의 동일한 파스파문자의 경우에도 韻에 따른 한자 분류를 고려하였기 때문에 四聲通解의 한글 기록이 차이를 가지는 것으로 추정된다.

국문요약

古今韻會舉要(1297)는 조선 초기 가장 애용되던 중국 운서 중 하나이다. 주목할 만한 사실은 古今韻會擧要의 서론 부분인 禮部韻略七音三十六母通攷에 나오는 '蒙古字韻音同'라는 기록이다. 중국 한자음을 한글로 표기 한 四聲通解 (1517)를 보면 다수의 한자에 韻會音과 蒙韻音이 기입되어 있다. 여기에서 말하는 '韻會'는 "古今韻會擧要"를 가리키는 것으로 추정된다. 蒙韻音의 근원자료는 파스파문자로 중국한자음을 표기한 운서이지만 존재하지 않는다. 몽고계 운서 중에서는 蒙古字韻이 현존하고 있다.

본 논문은 四聲通解의 편찬자인 崔世珍이 韻會譯訓를 편찬했다면 어떤 모습을 가졌을지 四聲通解를 토대로 연구함을 그 목적으로 하였다. 初聲字와 終聲字는 예측하기 쉬우므로 본 연구는 중성자에만 제한되어 있다.

본 연구의 가장 중요한 결과는 四聲通解의 편찬자가 어떤 방식으로 편찬을 진행했는지 알아보는데 있다:

- 韻會音의 中聲字들은 古今韻會擧要의 字母韻을 따라간다.
- 古今韻會擧要의 音들은 四聲通解에서 대부분 볼 수 있다.
- 四聲通解의 正音이 古今韻會擧要의 音과 차이를 보이는 다수의 경우 四聲通解에는 韻會音이 기입되었다. 하지만 이는 韻會音이 기입되지 않은 경우 자동적으로 古今韻會擧要의 音이 四聲通解의 正音과 일치한다는 뜻은 아니다.
- 四聲通解의 편찬자가 항상 古今韻會擧要의 音을 기입하지 않았고, 특히 四聲通解에서 古今韻會擧要의 音과 蒙韻音이 동일할

경우에는 蒙韻音만 기입한 경우가 흔히 있다.

四聲通解 내 蒙韻音과 韻會音은 대부분 동일하다. 중성자의 차이는 부록 1에서 다루었다. 부록 2 에서는 蒙古字韻의 파스파 표기와 四聲通解의 한글 표기를 대응 도표로 만들었다. 단, 四聲通解의 편찬자들이 蒙韻音 중성자의 선택시 모든 경우 파스파문자의 音을 그대로 한글로 옮긴 것이 아니라, 적은 부분이기는 하나 蒙韻音을 기반으로 한 근원자료의 파스파문자가 동일한 경우에도 韻에 따른 한자분류를 고려하였기 때문에 四聲通解의 한글 기록이 차이를 가지는 것으로 추정된다.

Summary

The Ku-chin yün-hui chü-yao (1297) was one of the most popular rime dictionaries during the Chosŏn period. A remarkable fact is that in front of the "Thorough Investigation of the Seven Innunciants and Thirty-six Mothers of the 'Abridged Rimes of the Board of Rites'" (Li-pu yün-lüeh ch'i-yin san-shih-liu-mu t'ung-k'ao), which is in the prefatory material of the Ku-chin yün-hui chü-yao, there is a record with the words "Same as the innunciants of the Meng-ku tzu-yün".

If we take a look at the Sasŏng-t'onghae (1517), which marks the Chinese pronunciations of Chinese characters in Korean letters we can see that there are many characters that have "Yün-hui readings" and/or "Readings of the Mongolian Rimes". It is assumed that "Yun-hui" here means Ku-chin yün-hui chü-yao. The source of the "Readings of the Mongolian Rimes" is a rime dictionary, which used the hPagspa-script to mark the Chinese pronunciation of the characters but it did not exist until now. What exists among the Mongolian rimebooks is a copy of the Meng-ku tzu-yün.

The aim of this research was to construct a "Yun hui, Transliterated and Glossed", which shows the Chinese pronunciations of the characters in the Ku-chin yün-hui chü-yao in Korean letters if Choe Se-jin would have had written it on the basis of the Sasŏng-t'onghae. Since it is easy to construct the letters of the initial and final sounds this research is limited on letters of the medial sounds.

The most important results of this research were to show the methods and ways how the compiler of the Sasŏng-t'onghae worked:

- The letters of the medial sounds of the "Yun hui readings" follow the "Tzu-mu-yün" rime notations of the Ku-chin yün-hui chü-yao.
- Nearly in all cases the readings of the Ku-chin yün-hui chü-yao are given in the Sasŏng-t'onghae.
- In a lot of cases where the "correct reading" of the Sasŏng-t'onghae differs from the reading of the Ku-chin yün-hui chü-yao, the reading of the latter is given as a "Yün-hui reading". But that does not mean that in cases where there is no "Yün-hui reading" the "correct reading" of the Sasŏng-t'onghae is the same as the reading of the Ku-chin yün-hui chü-yao.
- The compiler of the Sasŏng-t'onghae did not always insert a "Yün-hui reading", especially in the cases where the expected "Yün-hui reading" is the same as the "Readings of the Mongolian Rimes". In this instance mostly only the "readings of the Mongolian Rimes" are inserted.

The "Yün-hui readings" and the "readings of the Mongolian Rimes" in Sasŏng-t'onghae are for the most part the same. Appendix 1 deals with the cases in which the medial sounds of both differ from each other. In appendix 2 a list of accordance of the writing of vowels in hPagspa-script in Meng-ku tzu-yün and the writing of vowels in Korean letters in Sasŏng-t'onghae is given.

But when the compiler of the Sasŏng-t'onghae did choose the letters of the medial sounds of the "readings of the Mongolian Rimes" he did not in all cases simply substitute the hPagspa-writings with the corresponding writings in Korean script. The compiler of the Sasŏng-t'onghae also considered the rimes of the Mongolian rime dictionary, which was the basis of his "readings of the Mongolian Rimes" so that – though in only a few cases – there are different notations in Korean letters, even for the same notation in the Mongolian source.

자료

- 古今韻會擧要: 影印本. 中文出版社, 京部, 1990.
- 蒙古字韻: 影印本. 정광 해제, 한국학중앙연구원. 2008.
- 四聲通解: 影印本. 大提閣, 서울, 1985.
- 洪武正韻譯訓: 影印本. 高麗大學校影印叢書 3. 高麗大學校出版部, 서울, 1974.

참고문헌

- 강신항, 한국의 운서, 태학사, 2000.
- 金完鎭, 續添洪武正韻에 對하여, 震檀學報 31, 재판인쇄: 國語音韻體系의 硏究, p.176-198, p.235-238, 서울 1971, 一潮閣, 1966.
- 배윤덕, 四聲通解에 나타난 韻會 연구, 돈암어문학 제16집, p.123-166, 2003.
- 兪昌均, Sa-seong Thong-ko or Ss-sheng T'ung-k'ao(A comprehensive Study Of Four Tones), Chinese Materials and Research Aids Service Center, Inc., Occasional Series No.16, Princeton University, 1973.
- 兪昌均, 蒙古韻略과 四聲通攷의 硏究, 대구, 螢雪出版社, 1974.
- 이강로, 사성통해의 음운학적연구, 도서출판 박이정, 2003.
- 李敦柱, 漢字音韻學의理解, 塔出版社, 1995.
- 정경일, 한국운서의 이해, 아카넷, 2002.
- 정광, 몽고자운연구 - 훈민정음과 파스파 문자의 관계를 해명하기 위하여, 서울, 박문사, 2009.
- 조운성, 동국정운의 성모와 운모 체계 연구, 연세대학교 대학원, 2011
- 조운성, 동국정운의 운류와 고금운회거요의 자모운, 서강인문논총 제28집, p.203-225, 2010.
- 曺喜武, 〈古今韻會擧要〉音系硏究, 중국인문과학 15, p.47-67, 1996.12, 1996.
- 曺喜武, 〈古今韻會擧要〉의 入聲字母韻硏究, 中國語文學論集 第11號, p.395-430, 중국인문학회, 중국인문과학, 1997.
- 崔玲愛, 蒙古字韻과 그 음운특징 - 15,6세기의 한국자료를 통하여, 中國語文學論集(第24號), p.89-115, 2003.
- 忌浮, 「蒙古字韵」 校勘补遗, 吉林省社会科学院, 内蒙古大学学报(哲学社会科学版), 1992年 第3期, 1992.
- 忌浮, 「蒙古字韵」与「平水韵」, 吉林省社会科学院, 语言研究, 1994年第2期, 1994.

- 吉池孝一 著 · 李娟 译, 原本蒙古字韵的构拟, KOTONOHA 134号(2014年 1月), 代文字資料館, 2014.
- 寧忌浮, 古今韻會擧要及相關韻書, 北京, 中華書局, 1997.
- 李添富, 「韻會」字母韻的性質與分合試探, 輔仁國文學報15卷, 期(1999), p.117-130, 1999.
- 王碩筌, 古今韻會擧要辯證 影印本, 石家庄, 河北教育出版社, 2002.
- 照那斯圖 · 楊耐思 編著, 蒙古字韻校本, 北京, 民族出版社, 1987.
- 中村雅之, 四声通解に引く蒙古韻略について, 古代文字資料館発行 9号, 2003.
- 竺家寧, 古今韻會擧要的語音系統, 臺北, 學生書局, 1986.
- Rainer Dormels, 洪無正韻譯訓의 正音硏究와 訓民正音 창제에 끼친 영향: 國語史와 漢字音(최남희 외 편), p.605-646, 서울, 박이정, 2006.
- Rainer Dormels, Das Hongmu-chŏngun-yŏkhun(1455) : Analyse der in koreanischer Buchstabenschrift standardisierten “korrekten” Lautungen zur Bestimmung des Grades der Übereinstimmung mit seiner Grundlage, dem chinesischen Reimwörterbuch Hung-wu-cheng-yün(1375), Hamburg Univ. Diss., 1997.
- Gari Keith Ledyard, The Korean Language Reform of 1446: The Origin, Background, and Early History of the Korean Alphabet, Ph.D. dissertation, University of California, Berkeley, 1966.

▌저자소개

Rainer Dormels

1957년 독일 출생
1987년 쾰른대학교 졸업
1994년 서울대 국어국문학과 대학원(석사)
1997년 함부르크대학교(한국학 박사)
2003년 보쿰대학교 한국학 교수자격시험(Habilitation) 합격
현 오스트리아 빈 대학교 한국학과 교수

四聲通解를 기반으로 한
"韻會譯訓"의 구성

초판 인쇄 2017년 2월 20일
초판 발행 2017년 2월 28일

저 자 | Rainer Dormels
펴 낸 이 | 하 운 근
펴 낸 곳 | 學古房

주 소 | 경기도 고양시 덕양구 통일로 140 삼송테크노밸리 A동 B224
전 화 | (02)353-9908 편집부(02)356-9903
팩 스 | (02)6959-8234
홈페이지 | hakgobang.co.kr
전자우편 | hakgobang@naver.com, hakgobang@chol.com
등록번호 | 제311-1994-000001호

ISBN 978-89-6071-646-9 93700

값 : 25,000원

이 도서의 국립중앙도서관 출판예정도서목록(CIP)은 서지정보유통지원시스템 홈페이지(http://seoji.nl.go.kr)와 국가자료공동목록시스템(http://www.nl.go.kr/kolisnet)에서 이용하실 수 있습니다. (CIP제어번호 : CIP2017003183)